saveurs de café

cafés chauds,
cocktails au cappuccino
et martinis-cafés

Correction : Caroline Yang-Chung
Infographie : Manon É. Léveillé et Louise Durocher
Illustrations : François Daxhelet

**Catalogage avant publication de
Bibliothèque et Archives Canada**

Zimmer, Susan M.

Saveurs de café
Traduction de : Cappucino coktails & coffee martinis.

1. Café.   2. Cuisine (Café).   3. Café - Histoire.   I. Titre.

TX817.C6Z5514 2005   641.8'77   C2005-940611-9

Pour en savoir davantage sur nos publications,
visitez notre site : **www.edhomme.com**
Autres sites à visiter : www.edjour.com
www.edtypo.com • www.edvlb.com
www.edhexagone.com • www.edutilis.com

05-05

© 2001, Susan M. Zimmer

© 2005, Les Éditions de l'Homme,
une division du groupe Sogides

L'ouvrage original a été publié
par ESP Publishing Inc.
sous le titre *Cappuccino Cocktails & Coffee Martinis*

Tous droits réservés

Dépôt légal : 2ᵉ trimestre 2005
Bibliothèque nationale du Québec

ISBN 2-7619-2109-7

DISTRIBUTEURS EXCLUSIFS :

• Pour le Canada et les États-Unis :
MESSAGERIES ADP*
955, rue Amherst
Montréal, Québec H2L 3K4
Tél. : (514) 523-1182
Télécopieur : (450) 654-6237
* Filiale de Sogides ltée

• Pour la France et les autres pays :
INTERFORUM
Immeuble Paryseine, 3, Allée de la Seine
94854 Ivry Cedex
Tél. : 01 49 59 11 89/91
Télécopieur : 01 49 59 11 96
Commandes : Tél. : 02 38 32 71 00
                Télécopieur : 02 38 32 71 28

• Pour la Suisse :
INTERFORUM SUISSE
Case postale 69 - 1701 Fribourg - Suisse
Tél. : (41-26) 460-80-60
Télécopieur : (41-26) 460-80-68
Internet : www.havas.ch
Email : office@havas.ch
DISTRIBUTION : OLF SA
Z.I. 3, Cormimbœuf
Case postale 1061
CH-1701 FRIBOURG
Commandes : Tél. : (41-26) 467-53-33
                Télécopieur : (41-26) 467-54-66
                Email : commande@ofl.ch

• Pour la Belgique et le Luxembourg :
INTERFORUM BENELUX
Boulevard de l'Europe 117
B-1301 Wavre
Tél. : (010) 42-03-20
Télécopieur : (010) 41-20-24
http://www.vups.be
Email : info@vups.be

Gouvernement du Québec – Programme de crédit d'impôt pour l'édition
de livres – Gestion SODEC – www.sodec.gouv.qc.ca

Conseil des Arts   Canada Council
du Canada   for the Arts

Nous remercions le Conseil des Arts du Canada de l'aide accordée à notre
programme de publication.

L'Éditeur bénéficie du soutien de la Société de développement des entreprises
culturelles du Québec pour son programme d'édition.

Nous reconnaissons l'aide financière du gouvernement du Canada par
l'entremise du Programme d'aide au développement de l'industrie de
l'édition (PADIÉ) pour nos activités d'édition.

Susan M. Zimmer

saveurs de café

cafés chauds, cocktails au cappuccino et martinis-cafés

traduit de l'anglais par Jacques Desfossés

 LES ÉDITIONS DE L'HOMME

Je dédie ce livre à mon père, Albert Zimmer,
qui m'a souvent répété que l'on ne doit pas attendre
d'avoir 50 ans pour faire les choses
que l'on veut faire à 40 ans.

Le martini au café

Dans les années 1990, espresso et cappuccino ont joui d'une popularité internationale sans précédent. La traditionnelle tasse de café a alors fait place à une myriade de concoctions à base d'espresso et de lait vapeur. Plusieurs ont cru que cette soudaine vague de popularité n'était qu'une mode qui ferait son temps. Or, ce n'était pas une mode, mais un véritable mode de vie axé sur les cafés spécialisés qui a vu le jour au cours de cette décennie.

Dans l'univers du cocktail, le martini est un classique incontournable. De la Grande Dépression à nos jours, il a égayé quantité de soirées mondaines et réchauffé le cœur de bien des âmes en peine. Il existe aujourd'hui de nombreuses variantes – certaines alcoolisées, d'autres pas – du martini traditionnel. Il est, par ailleurs, devenu courant de parfumer sodas, cocktails sans alcool et cafés à l'aide de sirops aromatisés.

Un nouveau type de boisson vient aujourd'hui s'ajouter à la liste des cocktails, cappuccinos et mokaccinos qui font la joie du consommateur moderne : le martini au café.

Tout comme les boissons qui ont signalé l'avènement de l'« ère de l'espresso », les martinis au café et à l'espresso ont très vite suscité le ravissement de l'Amérique entière, de Boston à Seattle en passant par Vancouver. D'abord cantonné dans des établissements spécialisés, le martini au café se retrouve maintenant dans une multitude de pubs, restaurants et bars. Ces concoctions caféinées sont l'œuvre des baristas, ces experts en café qui, tels les barmans traditionnels, savent mélanger à la perfection les différents cocktails et boissons au café. Inspirés par l'engouement du public, les fabricants de sirop aromatisé se sont employés à créer des recettes de martini au café. Les amateurs de café ne se sont pas fait prier : trop heureux de jouer les baristas, ils ont entrepris de créer chez eux des cocktails au café de leur propre cru.

Les mixtures à base de café, de crème, de sirop et, dans certains cas, d'alcool font dé-sormais sensation dans tous les grands centres urbains. Et pour cause! Ce sont là des boissons qui fouettent les sens et donnent de l'énergie. Qu'il soit secoué ou mélangé, servi sec ou sur glace, le martini au café aura l'heur d'exciter votre imagination tout autant que votre palais.

À l'instar de la tasse de café traditionnelle, le martini au café peut aisément être personnalisé. Certains l'aiment bien corsé alors que d'autres le préfèrent sucré ou parfumé. De fait, on pourrait dire qu'il existe un nombre infini de variantes possibles, puisqu'il suffit de changer le dosage de café, de crème, de vodka ou liqueur au café, ainsi que la quantité et la saveur – noisette, amande, vanille, caramel, chocolat, etc. – de sirop aromatisé pour créer une nouvelle recette.

De l'ère du cappuccino et de l'espresso, nous passons aujourd'hui à celle du martini au café. Or, il ne fait aucun doute que l'essor de ces cocktails pour le moins originaux marque l'avènement d'une nouvelle tradition.

Introduction

Il se boit aujourd'hui sur terre quelque 2,25 milliards de tasses de café par jour. Pour satisfaire à la demande, l'industrie du café doit employer plus de 25 millions de personnes. La consommation de cafés fins fait désormais partie de nos mœurs et elle occupe un créneau bien distinct au sein de notre économie.

L'engouement généralisé du public pour l'espresso et le cappuccino dans les années 1990 a contribué à l'implantation de ce phénomène de société. À cette époque, on a assisté à une véritable explosion de boissons à base de café. Ce « Nouvel Âge » du café a introduit cette boisson et ses variantes en des lieux desquels elle était traditionnellement exclue – librairies, stations-service, grands magasins, aéroports, etc. Dans certaines villes, on jurerait qu'il y a un café à chaque coin de rue.

Puis, le café de spécialité a fait son entrée dans les foyers d'Amérique. La « machine à espresso » est désormais considérée comme un outil de cuisine essentiel ; son ronronnement caractéristique est devenu le chant du coq de millions d'amateurs d'espresso. On estime qu'en Amérique, pas moins de 11,6 millions de foyers sont dotés d'une machine à espresso et que 44 % d'entre eux s'en servent fréquemment.

Vous n'avez cependant pas besoin d'une machine spéciale pour confectionner un bon cocktail au cappuccino. Posséder une machine à espresso est un atout, mais non une nécessité. Si vous voulez boire de l'espresso, mais que votre budget ne vous permet pas de vous acheter une machine dispendieuse, sachez que la plupart des épiceries fines et des magasins d'articles de cuisine vendent des cafetières à espresso toutes simples que l'on fait chauffer sur la cuisinière. Leur prix : entre 20 et 30 $. Vous trouverez plus d'information à ce sujet dans la section « Café et cafetières ».

Plus loin, vous apprendrez à faire mousser le lait, ce qui est une aptitude essentielle pour qui veut confectionner des cocktails au café. Pour apprendre à préparer un cappuccino ou un latte sans machine, un chef cuisinier de renom vous offrira des conseils qui vous aideront à créer et à préparer vos propres cocktails au cappuccino.

Saveurs de café se veut à la fois un livre de recettes et une référence en matière de café. Bien qu'il m'ait fallu des années pour recueillir, créer et colliger ces recettes, elles n'en sont pas moins très simples à préparer. De plus, vous pouvez les modifier à votre guise, selon vos goûts. Les variations possibles sont aussi nombreuses que les variétés et mélanges de café. Dans chacune de ces recettes, l'espresso peut être remplacé par un café noir ou corsé. L'espresso est un goût qui s'acquiert avec le temps, mais le problème est qu'il est trop souvent préparé incorrectement, ce qui le rend amer. Tout comme les autres types de café, l'espresso doit être préparé avec amour et respect, sinon il ne présentera pas son plein arôme et toute sa saveur. Cela dit, chaque individu perçoit différemment la saveur et l'intensité d'un café ; vous devez donc choisir une variété de café qui sied à votre palais.

Le présent ouvrage contient également plusieurs recettes de martini au café. Ces recettes à la fois simples, délicieuses et raffinées m'ont été soumises par différentes compagnies de sirop aromatisé. De fait, dans chacune de ces recettes, un sirop aromatisé peut se substituer aux liqueurs et alcools proposés. Vous trouverez une liste complète des saveurs possibles au chapitre qui porte sur les sirops aromatisés. Crème fouettée, copeaux de chocolat et cerises au marasquin sont autant de garnitures qui agrémenteront vos cocktails au café. Vous pouvez, par ailleurs, accompagner vos délicieuses créations d'un biscotti ou d'un bâtonnet fourré à la crème à la vanille. Avec autant de permutations possibles, vous n'aurez aucun mal à personnaliser vos cocktails au café.

Au chapitre suivant, vous découvrirez les différentes variétés de café ainsi que leur provenance. Dans la partie intitulée « L'historique du café », vous verrez les origines et migrations du café à travers les âges, tandis que la section « L'avenir du café » explique les notions

d'équité et de durabilité écologique relatives à la culture et au commerce du café. Par la suite, nous nous attarderons aux questions de santé et nous verrons les effets positifs et négatifs de cette boisson si envoûtante. Grâce aux conseils et renseignements que renferme le chapitre «Café et cafetières», vous serez en mesure de préparer un café divin, parfait à tous coups ; une section entière de ce chapitre est consacrée à la préparation de l'espresso.

Dans sa présente mouture, *Saveurs de café* contient une foule de conseils, de renseignements et de détails tant folkloriques qu'historiques concernant le café. Êtes-vous prêt à découvrir cet univers ? Alors, allons-y !

L'espresso : le café extrême

L'espresso est...

- un café extrême. Sa qualité dépend de la méthode de préparation utilisée, du mélange de café employé et de son degré de torréfaction, de la finesse de la mouture, de la température de l'eau, et de la pression exercée sur la mouture durant l'extraction.
- l'ingrédient de base dans la confection des cappuccinos, des cafés au lait et des mokaccinos.
- l'élément qui déterminera de la qualité d'un cocktail au café.
- plus qu'une boisson : c'est à la fois un art et un rituel.
- l'incarnation gastronomique du café.
- une intensification de l'essence même du café.
- una bella tazza di caffe (une tasse de café magnifique).
- un café d'une richesse et d'une intensité inouïe, préparé en portion individuelle.
- poco ma buono (petit, mais bon).
- un café, mais avec plus d'arôme, de corps et de goût.
- la boisson le plus extrême et le plus extraordinaire qui soit.

15

- le plus somptueux de tous les plaisirs abordables.

- une manifestation de votre bon goût.

L'espresso n'est pas...

- une essence destinée à parfumer desserts et pâtisseries.

- un mot exprimant le degré de torréfaction des grains de café.

- une catégorie de mouture.

- une variété ou un mélange spécifique de café.

- le nom d'un pays où pousse le café.

La « crema » est...

- une mousse de couleur caramel qui se forme à la surface de l'espresso durant le processus d'extraction.

- une promesse de douceur plutôt que d'amertume.

- la pellicule collante qui adhère à la tasse après que vous ayez bu votre espresso.

- une émulsion composée de lipides et de millions de bulles gazeuses microscopiques.

- une couverture riche et moelleuse qui ne devrait pas se dissiper immédiatement.

- un couvercle qui retient les arômes et saveurs de l'espresso pour les libérer dès la première gorgée.

- une écume divine.

L'espresso : une définition extrême

Un vrai espresso s'élabore de la façon suivante : 45 ml (1 ½ oz) d'eau filtrée ou de source chauffée à une température de 90 °C (195 °F) est propulsée selon une pression de 60 kg par 2,5 cm² (132 lb/po²) à travers 7 à 9 g (¼ à ⅓ oz) de mouture fine de qualité espresso. L'eau est en contact direct avec le café environ 25 sec.

Un espresso de qualité a un goût plaisant et n'est pas amer en bouche. Sa saveur s'épanouit sur le palais durant une bonne dizaine de minutes en libérant progressivement un agréable parfum de noix.

La crema, cette mousse de couleur caramel qui coiffe l'espresso, est une émulsion formée par les huiles que le café libère durant le processus d'extraction. Cette mousse crémeuse recouvre le café afin qu'il puisse conserver tout son arôme et sa saveur.

Café et cafetières

Le monde merveilleux
du café

On ne peut pas plonger dans l'univers du café et savourer pleinement cette expérience sans avoir fait au préalable quelques choix éclairés. Choisir un café est une décision très personnelle, aussi l'amateur doit-il se laisser guider par son palais. Le problème, c'est qu'il y a aujourd'hui une multitude de variétés et de mélanges de café sur le marché. Il peut donc être difficile de trouver le café qui vous convient le mieux. La saveur et la qualité d'un café dépendent des caractéristiques de la plante et du sol duquel il provient, des conditions climatiques, de l'altitude à laquelle les plants ont été cultivés et de la méthode de récolte utilisée. Les opérations effectuées sur les grains bruts après la récolte – sélection, traitement, torréfaction, assemblage et extraction – ont toutes un impact sur la qualité d'un café.

Il existe 60 espèces connues de caféier. Or, chaque espèce produit une variété de café qui différera des autres par sa saveur. On compte une quarantaine de pays producteurs de café et chacun utilise un système de classification qui lui est propre. Ce sont toutes ces variables qui font que le « jargon du café » peut sembler si compliqué aux yeux du néophyte. Fort heureusement, il existe des catégories de base sous lesquelles tous les cafés sont regroupés. Dans les pages suivantes, il sera question des caractéristiques botaniques, de la culture et du traitement des grains de café, ainsi que du système de classification utilisé par l'industrie et les pays producteurs. Je vous présenterai également un « atlas du café », qui vous fera découvrir les différentes variétés de grains cultivées dans le monde entier. L'atlas regroupe les espèces de café par pays et décrit brièvement la région de culture ainsi que la saveur caractéristique de chacune des variétés.

Toute cette information ne peut cependant pas remplacer la dégustation proprement dite. Avec le café, c'est dans la tasse que ça se passe, si vous me permettez l'expression. Cela dit, il est clair que vous devez acquérir certaines connaissances caféologiques avant de pouvoir faire un choix éclairé. Débutons maintenant, si vous le voulez, notre exploration du monde merveilleux du café.

La botanique du café

- Le café provient d'une plante nommée « caféier ».
- Appartenant à la famille des Rubiacées (genus coffea), le caféier pousse tout le long de la ceinture équatoriale, dans des zones subtropicales à climat chaud.
- Le caféier est un arbuste fruitier dont la taille varie entre 3 et 12 m (9 et 40 pi) de haut. Pour faciliter la récolte, les plants sont taillés à une hauteur de 2 à 3 m (8 à 10 pi).

- Le caféier produit des touffes de fleurs blanches et odorantes dont le parfum évoque celui du jasmin. La période de floraison est courte et varie d'une région à l'autre. Des petits fruits verts nommés « cerises » apparaissent ensuite ; ils deviennent rouge vif, puis presque noirs quand ils arrivent à maturité six à neuf mois plus tard.

- Chaque cerise renferme deux grains de café dans sa chair jaune et tendre. Enfouis dans la pulpe du fruit, les grains sont protégés par une fine membrane argentée.

- La taille des grains varie d'une espèce de caféier à l'autre.

- Les trois espèces de caféier les plus connues sont le coffea arabica, le coffea robusta et le coffea liberica. Chaque espèce produit différentes variétés de café.

Les arabicas

- Reconnu pour son arôme, sa rondeur et sa densité, l'arabica pousse à haute altitude et produit les grains les plus convoités et les plus coûteux du monde. Les meilleurs torréfacteurs l'utilisent en exclusivité.

- Comptant pour 75 % de la production mondiale, l'arabica est le café le plus cultivé au monde.

- Parce que les arabicas poussent à une altitude de 900 à 2000 m (3000 à 6500 pi), leurs fruits mettent plus de temps à arriver à maturité. Les grains sont donc plus durs et plus savoureux. De fait, la qualité d'un arabica est proportionnelle à l'altitude à laquelle il a été cultivé : plus l'altitude est élevée, meilleur est le café.

- Les arabicas ont besoin d'un sol riche en minéraux et d'une température constante de 20 °C (68 °F) pour donner leur plein rendement. Les plants sont très sensibles à la maladie, au froid et à la sécheresse, et ne peuvent être cultivés que dans des conditions climatiques très précises.

- Un caféier arabica produit entre 500 et 700 g (1 et 1 ½ lb) de grains verts par année.

- La teneur en caféine des grains d'arabica est d'environ 1 %.

Les robustas

- Comparativement à l'arabica, le caféier de type robusta produit des grains de qualité inférieure.

- Les robustas sont cultivés à basse altitude et se prêtent même à la culture en plaine. Ils sont très répandus dans les pays dont les conditions climatiques ne permettent pas la culture des arabicas.

- Très robuste et résistant à la maladie, le coffea robusta pousse sans problème dans des conditions difficiles.

- Le robusta est le café le moins cher de la planète, c'est pourquoi on l'emploie dans les mélanges commerciaux et dans les cafés instantanés. Les robustas sont reconnus pour leur puissance et leur intensité.

- Les robustas ont un meilleur rendement que les arabicas : chaque arbuste produit annuellement entre 1 et 1,5 kg (2 et 3 lb) de grains.

- La teneur en caféine des grains de robusta est d'environ 2 %.

Les libericas

- Le liberica figure en troisième position sur la liste des variétés de café les plus connues. Cette espèce s'apparente au robusta en ce sens qu'elle est résistante et cultivable en basse altitude ainsi que dans des conditions difficiles.

- Peu cultivés comparativement aux autres espèces, les libericas sont originaires d'Afrique.

La culture et le traitement des grains

Du caféier à la tasse, le café exige une somme de travail considérable passant par de nombreuses étapes de production. De la mise en terre des plants à la récolte des cerises, du lavage, séchage et triage des grains par processus de calibrage et de sélection, l'essentiel du travail est fait à la main. Vous savourerez d'autant plus votre prochaine tasse de café en étant conscient du labeur intensif et attentionné qu'elle a nécessité.

La culture des plants

- Les sols volcaniques riches en azote sont idéaux pour la culture du caféier.

- Le caféier se cultive en climat tropical, à des températures variant entre 15 °C (59 °F) et 25 °C (77 °F). Les arbustes sont très sensibles au vent, au froid, à la maladie et aux chaleurs excessives.

- On obtient les meilleures récoltes quand des périodes de pluie intense et des périodes sèches se succèdent en alternance.

- La préparation du sol et le choix des graines sont des étapes préliminaires d'une importance vitale.

- Les premières pousses apparaissent en moins de huit semaines. Après un an, les jeunes plants sont repiqués de façon définitive.

24

- Les plants ne donnent pas de fruits durant les deux premières années, par contre ils ont besoin de soins constants : il faut sarcler, désherber, émonder et arroser régulièrement chaque plant pour assurer sa croissance.

- Le plant deviendra productif après sa première floraison ; sa durée de vie sera de 15 à 20 ans. Chaque plant produira entre 500 et 900 g (1 et 2 lb) de grains par année.

- Les délicates et odorantes fleurs du caféier ne survivent que deux ou trois jours. Des grappes de cerises vertes apparaissent après la floraison. Du vert, les cerises tournent au jaune, puis au rouge. Quand elles deviennent presque noires, c'est qu'elles sont prêtes à être cueillies.

En Jamaïque, ce sont les chauves-souris qui indiquent aux agriculteurs quand débuter leur récolte. Le signal est donné lorsque les chauves-souris commencent à se nourrir de la pulpe sucrée des cerises.

La cueillette des grains

La période de récolte varie d'une région à l'autre, mais aussi d'un plant à l'autre, puisque les cerises d'un même plant n'arrivent pas toutes à maturité au même moment. Le mûrissement des baies peut s'étaler sur plusieurs semaines, si bien que la récolte doit s'accomplir en plusieurs passages. La cueillette peut s'effectuer soit à la main, soit à l'aide de procédés mécaniques.

- La cueillette manuelle assure une récolte uniforme et de qualité, puisque les cueilleurs ne choisissent que les cerises qui sont bien mûres. Cette méthode est la plus onéreuse du fait que les baies sont cueillies une à une et en plusieurs passages.

- La cueillette mécanique est d'usage dans les pays qui ont de vastes plantations et où le coût de la main-d'œuvre est élevé. Bien que rapide et peu onéreuse, cette méthode produit des récoltes de qualité moindre, puisque toutes les baies, les vertes comme les mûres, sont arrachées du plant d'un seul coup. Les tracteurs ramassent donc des baies immatures ou gâtées, ainsi que diverses impuretés – cailloux, feuilles, etc. – qui viennent corrompre la récolte.

La préparation et le traitement des grains

Une fois les cerises cueillies, il faut séparer les grains de café du reste du fruit. Pour ce faire, on aura recours à la méthode « sèche » ou la méthode « humide ». Dans un cas comme dans l'autre, les grains sont d'abord passés au tamis, puis triés et calibrés. Toutes ces opérations s'effectuent à la main.

La méthode humide

26

- C'est cette méthode qui produit le meilleur café. On l'utilise exclusivement pour traiter les grains de qualité qui ont été cueillis manuellement.

- Quand on emploie cette méthode, l'extraction des grains doit s'effectuer dans les 24 h qui suivent la récolte. Une fois la pulpe retirée, on fait fermenter les fèves dans des cuves pendant plusieurs jours. Les grains de café sont ensuite lavés et séchés.

- Contrairement à ce qu'on pourrait penser, le processus de fermentation rehausse la saveur du café.

- Le café produit à l'aide de cette méthode est parfois qualifié de « café lavé ».

La méthode sèche

- Également connu sous le nom de « méthode naturelle », ce procédé d'extraction permet lui aussi de séparer les grains de la pulpe.

- Les cerises sont étendues au soleil ou sur des séchoirs jusqu'à ce que leur pulpe se dessèche. Les grains sont ensuite extraits du fruit à l'aide d'une déparcheuse mécanique.

Le triage et le calibrage des grains

- Le triage peut s'effectuer à la main, à la machine, ou selon une combinaison des deux méthodes. Cela dit, la méthode manuelle est la seule qui permet de retirer tous les grains immatures, cailloux, brindilles, feuilles et autres impuretés. Plus on consacrera de temps au nettoyage et au triage, plus le café sera cher et de qualité.

- Après le triage vient le calibrage, étape qui permet d'établir la valeur marchande d'un café. Il y a un jargon très particulier associé à cette activité. Le calibrage permet de classer le café en tenant compte de critères tels :

  - la présence d'imperfections ;
  - la taille des grains (les grains plus gros sont de calibre supérieur) ;
  - l'âge du plant ;
  - l'altitude de la plantation (le café cultivé en haute altitude est de meilleure qualité) ;
  - la méthode d'extraction (sèche ou humide) ;
  - l'espèce (arabica, robusta, etc.) et la variété du plant ;
  - le pays et la région d'origine ;
  - le cru (un critère déterminé par l'arôme et la saveur).

Une fois calibré, le café est ensaché dans des sacs de jute en vue d'être entreposé puis exporté. Pour respecter la norme de l'industrie, chaque sac doit peser 60 kg (132 lb).

L'art de la torréfaction

Rien n'affecte autant la saveur d'un café que le processus de torréfaction. Si vous infusiez des grains de café vert, vous obtiendriez une boisson dénuée d'arôme et de saveur. C'est donc durant la torréfaction que l'arôme et le goût d'un café se développent. En changeant la durée de torréfaction, on impartira aux grains de café certaines caractéristiques. Les différents degrés de torréfaction donneront des cafés blonds, ambrés, bruns, mi-noirs ou noirs.

- Pour torréfier un café, on fait chauffer les grains bruts dans de grandes cuves à une température de 290 °C (550 °F). Des pales métalliques agitent le café afin qu'il soit chauffé uniformément. Cette chaleur modifiera la composition chimique des grains.

- Sous l'effet de la chaleur, l'eau que contiennent les fèves s'évapore et les amidons sont transformés en sucres qui seront à leur tour caramélisés. La taille des grains augmente de 25 à 35 % jusqu'à ce qu'ils éclatent comme du maïs soufflé. Les grains perdent entre 18 et 22 % de leur poids durant ce processus d'évaporation, par contre leur teneur en caféine ne change pas.

- Les fèves prendront graduellement une teinte jaunâtre pour tourner ensuite au brun foncé. Ce changement de couleur est lié à la transformation chimique du café et à l'interaction des sucres et des protéines. La chaleur libère les huiles essentielles qui donnent au café son arôme et sa saveur.

- La durée et la température de torréfaction déterminent l'intensité d'un café en termes de saveur, d'arôme, d'acidité et de couleur. Le torréfacteur doit contrôler avec vigilance la fin du processus pour éviter que le café ne soit trop grillé, voire brûlé.

Mon café favori

Le meilleur espresso que j'aie jamais goûté avait été élaboré dans des cuves pressurisées dans lesquelles circule un flux d'air extrêmement chaud. Les grains de café sont en état de sustentation à l'intérieur des cuves et n'entrent donc jamais en contact avec les parois de métal brûlant. Dans un torréfacteur traditionnel, il est inévitable que certains grains soient carbonisés, ce qui produira un lot de café amer, au goût de brûlé. Or, un bon espresso n'est jamais amer. Une amertume marquée indique généralement que les grains ont été surchauffés durant la torréfaction.

- Les acides responsables de la saveur sont libérés dès que les grains commencent à foncer. Lorsque la couleur du café passe de mi-noir à noir, ces mêmes acides se décomposent et il y a caramélisation des sucres ; il en résultera un café plein et texturé. C'est ce degré de torréfaction plus élevé qui donne à l'espresso sa densité et son goût caramélisé, faible en acidité.

- Après la phase de torréfaction, le café est refroidi à l'air froid, opération qui en scelle l'arôme et la saveur.

Les degrés de torréfaction

LÉGER	MOYEN	MI-NOIR	NOIR	FONCÉ	TRÈS FONCÉ
Cinnamon, New England, Léger	Américain, Ambré, Brun	Full City, Viennois, Velouté	Italien, Espresso, Européen	Espresso, Italien, Continental	Mélange français, Français corsé, Italien

- Les cafés à torréfaction légère sont pétillants et acidulés, quoique plus légers. Les grains sont secs et peu caramélisés.

- Les cafés à torréfaction moyenne sont moins acides, mais plus riches et ronds. C'est à ce stade que les huiles essentielles commencent à se manifester.

- Les cafés foncés sont typiquement peu acidulés. Les grains de café noir sont huileux et produisent un café aigre-doux, plein et corsé, aux arômes chocolatés.

- Contrairement à la croyance populaire, plus un café est foncé et moins sa teneur en caféine est élevée. Les cafés noirs sont torréfiés à haute température, ce qui entraîne une évaporation de la caféine.

Torréfiez vous-même votre café

Outre la satisfaction que procure le rituel lui-même, la torréfaction maison permet à l'amateur de goûter un café d'une fraîcheur sans pareille. De plus, les grains bruts achetés en vrac coûtent moins cher que le café torréfié, puisque leur coût de traitement et d'emballage est beaucoup moins élevé.

Bien qu'il y ait aujourd'hui plusieurs machines à torréfier électriques sur le marché, vous pouvez recourir à la bonne vieille méthode qui consiste à faire griller le café dans un poêlon, soit au four ou sur la cuisinière. Pour ce faire, il suffit que vous vous souveniez de deux choses : les grains doivent être agités régulièrement et chauffés à une température d'au moins 200 °C (400 °F) ; et ils doivent être refroidis dès qu'ils ont atteint le degré de torréfaction voulu. Plus rapide sera la torréfaction et meilleur sera le café.

La torréfaction maison sur la cuisinière

Utilisez un poêlon en fonte avec couvercle. Employez juste assez de grains de café pour couvrir le fond du poêlon.

- Placez un thermomètre de cuisson dans le poêlon. Utilisez de préférence un thermomètre avec endos en métal que vous pourrez disposer en angle dans le poêlon ; cela vous permettra de mesurer la température à l'intérieur du poêlon, et non pas uniquement celle du fond.

- Commençant à feu moyen, augmentez graduellement la température jusqu'à ce que le thermomètre indique 260 °C (500 °F). Baissez ensuite à 200 °C (400 °F). Consultez régulièrement le thermomètre pour vous assurer que cette température est maintenue tout au long du processus.

- En tenant bien le couvercle, secouez doucement le poêlon à intervalles d'une minute. Il est important d'agiter les grains de café pour qu'ils brunissent uniformément.

- Les grains se mettront bientôt à éclater comme du maïs soufflé. (Ouvrez vos fenêtres et actionnez le ventilateur de la cuisinière, car il va y avoir de la fumée !) Les grains commenceront alors à changer de couleur. Ils tourneront au brun jaunâtre, puis gonfleront en devenant progressivement plus foncés. Arrêtez juste avant que les grains n'atteignent la couleur désirée.

- Ne faites jamais griller les grains au-delà du brun chocolat. C'est la couleur la plus foncée que vous devez viser.

- Une fois les grains rôtis à point, retirez le poêlon du feu et transférez-les dans un poêlon frais ou sur une plaque de marbre. Un refroidissement rapide referme les pores des grains, ce qui permet au café de conserver tout son arôme.

La torréfaction maison au four

- Préchauffez le four à 260 °C (500 °F). Déposez une couche de grains de 1,5 cm (½ po) d'épaisseur dans un poêlon en fonte que vous mettrez ensuite au four.

- Pour une torréfaction moyenne ou légère, faites chauffer le café 20 min en agitant le poêlon occasionnellement. Si vous désirez un café plus foncé, réduisez la température à 200 °C (400 °F) après 20 min et faites rôtir les grains encore 20 min (maximum). Continuez d'agiter le poêlon à intervalles réguliers.

Note concernant les poêlons à maïs soufflé :

• Vous pouvez également faire rôtir votre café dans un poêlon spécialement conçu pour le maïs à éclater. Vous en trouverez dans les boutiques d'articles de cuisine au coût de 15 $ à 30 $.

• Tel que noté précédemment, utilisez un thermomètre de cuisson pour que votre café soit torréfié à une température optimale.

La dégustation du café

Le goûteur occupe une place prestigieuse dans l'industrie du café. Le rôle de ces experts est de goûter des mélanges qui n'ont pas encore été mis en marché. À l'instar de leurs homologues de l'industrie du vin, les goûteurs de café professionnels peuvent distinguer l'origine d'un mélange simplement en le humant et en le goûtant. Il va sans dire que très peu de gens sont dotés d'un palais et d'un odorat si raffiné. La Bourse de New York n'emploie qu'une trentaine de goûteurs pour évaluer l'ensemble du café importé aux États-Unis. Le rituel de dégustation des goûteurs professionnels est très particulier. Ils aspirent le café avec bruit à partir d'une cuillère à dégustation spéciale. Le but de cette violente aspiration est de tapisser toute la voûte du palais de café. Le goûteur fait ensuite rouler le café dans sa bouche avant de le cracher dans un seau.

Quand je prends un petit café en après-midi, je n'applique évidemment pas le rituel des goûteurs. Je hume et goûte discrètement mon espresso ou cappuccino – sans le recracher, bien sûr –, confiante que les goûteurs professionnels de l'industrie ont bien fait leur travail.

Les goûteurs professionnels évaluent chaque café de façon objective et scientifique en utilisant leurs cinq sens.

Les critères d'évaluation sont :

La présentation • L'aspect • L'arôme
La saveur • Le corps • L'acidité

Tout autant que la torréfaction, l'assemblage du café est un art. La majorité des torréfacteurs, des bistrots, des traiteurs et des grandes chaînes de cafés puisent à même leur inspiration pour créer des « mélanges maison » dont ils gardent jalousement le secret. Le but de l'assemblage est de combiner des cafés différents qui se compléteront et s'harmoniseront.

Le secret de l'assemblage réside dans l'agencement de cafés dont les caractéristiques dominantes sont opposées – on n'emploie jamais deux cafés dotés de caractéristiques identiques au sein d'un même mélange. Un café kenyan et un éthiopien, par exemple, ne se marieront pas harmonieusement du fait qu'ils sont tous deux piquants et acidulés. Le mélange le plus célèbre et le plus ancien est sans nul doute le Moka-Java, où la douceur du Moka s'allie à l'intensité du Java pour produire un ensemble étoffé et équilibré. On peut également modifier soi-même un mélange spécifique en y ajoutant une autre variété de café :

- Pour plus de corps et d'onctuosité, ajoutez du Sumatra Mandheling, du Célèbes Kalossi ou du Java.

- Pour plus de douceur, ajoutez du Maracaibo vénézuélien ou du haïtien.

- Pour plus de saveur et d'arôme, ajoutez du Kona, du Sumatra, du Célèbes, du guatémaltèque, du colombien ou du Blue Mountain jamaïcain.

- Pour plus de piquant, ajoutez du Moka ou un mélange de grains kenyans et éthiopiens.

- Pour plus de vivacité et d'acidité, ajoutez un café de qualité provenant d'Amérique Centrale – un costaricain ou un guatémaltèque, par exemple.

Les cafés aromatisés

Le concept de café aromatisé ne date pas d'hier. Ce sont les Arabes qui, les premiers, pensèrent à rehausser leurs cafés en y ajoutant des épices telle la cannelle. Les pays d'Europe Centrale ont emboîté le pas en parfumant leurs cafés par l'ajout de cardamome, de girofle, de muscade, de quatre-épices ou de noix pilées. Vinrent ensuite les cafés aromatisés au chocolat, aux zestes d'agrumes et à l'alcool. Sucre, lait et crème sont des condiments que l'on a associés au café depuis son introduction en Occident.

C'est au début des années 1980 que les cafés aromatisés ont fait leur apparition dans les épiceries fines et dans la section des aliments en vrac de nos supermarchés. Il existe une grande variété de cafés aromatisés. Vanille française, crème irlandaise, noisette, noix de macadam et chocolat sont les parfums les plus populaires.

On obtient ces saveurs suaves en ajoutant des agents aromatisants aux grains de café durant la torréfaction. Ces substances artificielles donnent parfois un arrière-goût chimique au café, aussi bon nombre d'amateurs préfèrent-ils les cafés aromatisés à l'aide d'essences naturelles. Remarquez que l'on peut également parfumer le café directement dans la tasse en y ajoutant un sirop aromatisé. Ces sirops issus d'une ancienne tradition italienne sont aujourd'hui partie intégrante du rituel du café. (Pour plus d'information concernant les sirops aromatisés, référez-vous à la p. 209.)

Le café de spécialité vs le café commercial

Le café de spécialité

- « Café de spécialité » est le terme officiel employé dans l'industrie pour désigner un café produit à petite échelle par une compagnie privée.

- Ces cafés sont généralement vendus sur le marché local. Chacun d'eux a une personnalité qui lui est propre.

- Le café de spécialité occupe le créneau supérieur dans l'univers du café. Grâce à lui, quantité de simples amateurs ont affiné leur goût au point d'en devenir d'authentiques connaisseurs.

- Tout café dit « de spécialité » a été traité et torréfié à la perfection.

- L'arôme, la saveur et les attributs esthétiques d'un café de spécialité sont toujours exemplaires.

Le café commercial

- Les cafés commerciaux sont torréfiés, produits et ensachés en usine par des corporations et des multinationales. Distribués à grande échelle, ils font l'objet de campagnes publicitaires agressives.

- Les cafés commerciaux sont des produits de consommation de masse offerts par les grands réseaux de distribution et les grandes chaînes alimentaires.

- Les cafés commerciaux sont peu attrayants du fait qu'ils ne proposent au connaisseur qu'un éventail limité de mélanges et de saveurs.

Comment moudre et conserver le café

35

La fraîcheur : voilà l'attribut essentiel du café !

À cet effet, sachez que :

- Les grains de café bruts conservent leur fraîcheur pendant plusieurs années.

- Le café torréfié conserve sa fraîcheur pendant une semaine.

- Le café moulu conserve sa fraîcheur pendant 1 h.

- Le café infusé conserve sa fraîcheur quelques minutes seulement.

Quelle que soit la méthode de conditionnement employée, un café commencera à s'oxyder, et donc à perdre de sa saveur et de sa fraîcheur, dès que le sceau de son emballage sera brisé. L'oxygène, la chaleur et la lumière sont les ennemis jurés du café en ce sens qu'ils en détériorent les huiles essentielles. De plus, le café est comme une éponge qui absorbe les arômes environnants. C'est pourquoi on suggère parfois au client de respirer des grains de café lorsque celui-ci fait l'essai de différents parfums au rayon des cosmétiques : l'odeur du café neutralise les effets du parfum précédent. Je me souviens que, quand j'étais petite, ma mère mettait une tasse de café dans le réfrigérateur pour absorber l'odeur déplaisante de certains aliments.

Pour une fraîcheur optimale, achetez des grains en vrac, et toujours en petites quantités. Moulez le café juste avant de l'infuser. Les Arabes ont trouvé la solution idéale : ils torréfient, moulent et infusent la quantité de café dont ils ont besoin juste avant de le boire. À défaut de vous consacrer à pareil rituel, moulez au moins vos propres grains ; votre café sera alors beaucoup plus frais que si vous l'achetiez moulu d'avance. À ce propos, voici quelques conseils sur l'art de la mouture :

- Si vous êtes adepte d'une extraction lente, optez pour une mouture plus grossière. Pour une extraction rapide, choisissez une mouture fine.

- La grosseur de la mouture doit varier en fonction de la cafetière ou de la machine à espresso que vous utilisez.

- Vous constaterez dès la première gorgée combien il vaut la peine de moudre soi-même son café !

Les différentes moutures et leur temps d'extraction

- Mouture extrafine : jusqu'à 30 sec d'extraction

- Mouture fine : 1 à 4 min d'extraction

- Mouture moyenne : 4 à 6 min d'extraction

- Grosse mouture : 6 à 8 min d'extraction

Choisir la catégorie de mouture en fonction de la méthode d'infusion

Chaque méthode d'infusion nécessite une catégorie de mouture spécifique, liée au temps d'extraction.

Plus la mouture sera fine, plus le temps d'infusion sera court. Lorsqu'un café est finement moulu, cela accroît sa surface de contact avec l'eau et favorise l'extraction de ses huiles essentielles ; c'est pourquoi un tel café ne doit être infusé que très brièvement. L'espresso, par exemple, est toujours élaboré à partir d'une mouture fine parce que sa durée d'extraction est courte.

L'inverse est également vrai : Plus la mouture sera grossière et plus le temps d'infusion sera long. C'est le cas quand on utilise, par exemple, une cafetière à piston : la mouture doit être plus grosse parce qu'elle trempe dans l'eau plus longtemps. Si vous employez une mouture fine avec une cafetière à piston, votre café sera trop infusé et aura un goût amer. Et, inversement, vous obtiendrez un café très faible en utilisant une grosse mouture dans une machine à espresso.

Le guide suivant est valable du moment que vous employez un moulin électrique standard et que vous ne moulez pas plus de 125 ml (½ tasse) de café à la fois. Pour des quantités inférieures à 125 ml (½ tasse), réduisez le temps de mouture. Notez que les résultats peuvent varier selon le type de moulin utilisé.

Cafetière ou pot allant directement sur le feu

- Très grosse mouture ou grains entiers concassés.
- Temps de mouture : 4 sec.

Cafetière à piston

- Grosse ou moyenne mouture ayant la texture de la farine de maïs ou d'un papier sablé rugueux.
- Temps de mouture : 10 à 15 sec.

Cafetière à décompression

- Mouture moyenne et aussi peu farineuse que possible.
- Temps de mouture : 15 sec.

Cafetière napolitaine ou à filtre de métal

- Grosse ou moyenne mouture (non farineuse).
- Temps de mouture : 15 sec.

Cafetière à filtre en papier

- Mouture moyenne et non farineuse, un peu plus fine que pour une cafetière à filtre de métal.
- Temps de mouture : 16 sec.

Cafetière italienne

- Mouture fine ou moyenne ayant la texture du sable fin.
- Temps de mouture : 20 sec.

Machine à espresso

- Mouture très fine dont la texture se situera entre la farine et le sel de table.
- Temps de mouture : 20 à 25 sec, à l'aide d'un moulin à meule de qualité.

Café turc ou oriental

- Mouture extrafine ayant la texture et la douceur de la farine. Il est conseillé d'acheter ce type de café dans une épicerie spécialisée.

Les moulins à café

Moudre son propre café à partir de grains entiers est une habitude qui ne coûte pas cher et demande peu de temps. En moulant vous-même votre café, vous serez en mesure de régler la mouture en fonction du type de café et du mode d'infusion employé. Que vous optiez pour un pratique moulin électrique ou pour la méthode manuelle avec pilon et mortier, votre café conservera toute sa saveur et son arôme.

Qu'il soit manuel ou automatique, le *moulin à meule* produira toujours une mouture parfaitement homogène. Les modèles électriques sont pratiques, d'utilisation rapide et faciles à nettoyer. Certains modèles haut de gamme sont dotés d'une minuterie permettant de régler le temps de mouture avec précision.

- Le *moulin électrique* broie le café à l'aide de deux lames de métal mises en action par un petit moteur. Le désavantage de ce type de moulin est que le contact répété des lames avec la mouture produit une chaleur qui risque de détériorer le goût du café. Pour éviter de brûler le café et obtenir une mouture homogène, il est conseillé d'actionner le moulin par à-coups, à raison de 3 à 5 sec à la fois.

- Le *moulin à manivelle* renvoie à la méthode de mouture traditionnelle. Après avoir inséré les grains dans la trémie, on actionne le mécanisme en tournant la manivelle et le café moulu se dépose dans un petit tiroir situé dans la base en bois du moulin. Les modèles haut de gamme peuvent être fixés à une table ou à un mur, ce qui permet de produire une mouture plus fine.

- La méthode la plus primitive consiste à moudre le café dans un mortier à l'aide d'un pilon. Il est très difficile de produire une mouture homogène avec cette technique entièrement manuelle qui est toujours en usage dans certains pays arabes. Je ne la conseille qu'aux purs et durs.

En bref, voici les règles de mouture et d'extraction :

- Quelle que soit la méthode employée, le but est d'obtenir une mouture homogène qui permettra une extraction uniforme des huiles essentielles du café.

- Même le meilleur des cafés verra son goût détérioré par une mouture inégale.

- Si la mouture est inégale, une partie du café sera trop infusée, et une autre ne le sera pas assez.

- Une mouture trop infusée donnera un café au goût âcre et amer.

- Une mouture qui n'a pas été suffisamment infusée produira un café faible, plat et sans relief.

Comment conserver le café

On dit que le café respire, et c'est la vérité. Pour conserver sa fraîcheur, un café doit être gardé à l'abri de l'oxygène. Certaines marques de café sont vendues dans des sachets à valve monodirectionnelle, ce qui empêche l'entrée de l'oxygène tout en permettant à l'anhydride carbonique de s'échapper. Mais une fois le sceau brisé, il faut immédiatement mettre le café dans un contenant adéquat. Voici quelques conseils et règles à suivre en ce qui concerne la conservation du café.

- Le café doit toujours être conservé à l'abri de la lumière, de la chaleur, de l'oxygène et de l'humidité.

- Achetez des grains entiers que vous passerez vous-même au moulin. Votre café restera frais plus longtemps, puisque les grains entiers sont moins sensibles que la mouture à l'air et à l'humidité.

- Si possible, n'achetez que la quantité de café dont vous avez besoin pour une semaine. Conservez votre café en grains ou moulu dans un contenant opaque (pour le garder à l'abri de la lumière) et étanche à l'air.

- Les contenants hermétiques en céramique ne contaminent pas l'arôme et la saveur du café.

- Les contenants en plastique et en métal sont à éviter parce qu'ils corrompent le goût du café.

- Le truc suivant est très efficace. Découpez un sac à ordures vert en carrés juste assez grands pour être insérés dans votre contenant à café. Déposez le café au centre d'un carré, rabattez les côtés vers le haut, puis scellez le tout à l'aide d'un élastique. Placez ensuite cette « pochette de café » dans votre contenant à café habituel. La pochette de plastique préservera toute la fraîcheur de votre café en le gardant à l'abri de la lumière, de la chaleur et de l'humidité.

- Optez pour un contenant à café dont la taille est adaptée à la quantité de café que vous achetez habituellement. Moins il y aura d'espace libre – et donc d'air – à l'intérieur du contenant, mieux votre café se conservera.

- Ne moulez pas vos grains de café à l'avance.

- Contrairement au café moulu, les grains entiers peuvent être conservés au congélateur.

- Ne conservez jamais votre café au réfrigérateur, car il risque d'absorber l'odeur des autres aliments. De toute manière, la température du frigo n'est pas propice à la conservation du café.

- Le café moulu absorbera les odeurs même s'il est conservé au congélateur. Les huiles que renferme la mouture figent lorsqu'elles sont congelées, ce qui modifie la texture et la densité du café. Cela est particulièrement vrai dans le cas d'un café foncé tel l'espresso.

Les pays producteurs
de café

C'est dans un climat chaud et humide que se cultive le café. Les pays producteurs sont tous situés entre les tropiques du Cancer et du Capricorne, au sein des quatre régions géographiques suivantes : Amérique du Sud ; Amérique Centrale ; Caraïbes ; Asie ; et Afrique. Ces pays produisent annuellement quelque 91 millions de sacs de café de 60 kg (132 lb) chacun.

L'Amérique Centrale et du Sud

Sinatra avait raison de dire que les Brésiliens produisent des milliards de grains de café !
Spécialisé dans l'arabica de très haute qualité, le Brésil est de loin le plus important producteur au monde ; viennent ensuite la Colombie, le Venezuela, le Pérou et l'Équateur, lequel alimente le marché en arabicas lavés. Le Brésil est également, après l'Indonésie, le deuxième plus important producteur de robusta. Avec ses 12,4 millions de plants répartis sur 123,5 hectares (12 350 acres), la Ipanema Agro Industria est la plus grande société caféicultrice au monde ; elle produit en moyenne 6 810 000 kg (15 000 000 lb) de café vert par année, soit le double de ce que la Jamaïque et Hawaï produisent ensemble en une année !

La culture du café joue également un rôle de premier plan dans l'économie du Mexique, du Panama et des Caraïbes. Ces pays produisent surtout des arabicas lavés de très haute qualité.

L'Asie et l'Indonésie

S'étant convertis aux méthodes de culture modernes au fil des années, l'Asie et l'Indonésie ont graduellement accru leur production d'arabica lavé et de robusta lavé ou naturel.

L'Afrique

Abritant certaines des régions tropicales les plus chaudes de la planète, le continent africain produit surtout des cafés de type robusta. Cela dit, les arabicas poussent très bien sur les hauts sommets du Kenya et de la Tanzanie.

43

Carte des principaux producteurs

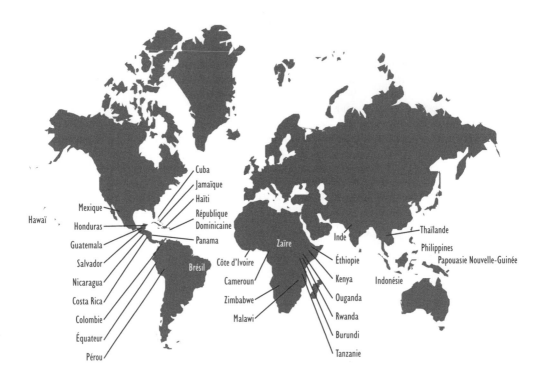

Le système de classification mondial

L'industrie du café utilise un système de classification bien précis pour identifier les différents

types de grains. Ainsi, les cafés du monde entier sont divisés en trois catégories distinctes :

les légers ; les brésils ; et les robustas. Ces termes sont également utilisés en cuisine et

dans la description des assemblages.

Les légers

Cette catégorie regroupe toutes les variétés d'arabica cultivées à plus de 600 m (2000 pi) au-dessus du niveau de la mer. La majorité de ces arabicas poussent à une altitude de 1 200 à 1 800 m (4000 à 6000 pi). Les meilleurs légers sont les cafés les plus chers du monde et sont donc destinés aux cafés de spécialité. C'est dans les régions montagneuses et bien irriguées des tropiques que cette catégorie de café pousse le mieux. Les légers proviennent de cerises bien mûres qui ont été récoltées et traitées avec le plus grand soin.

> **AMÉRIQUE CENTRALE ET DU SUD**
> 70 % de la production mondiale.
>
> **ASIE ET INDONÉSIE**
> 20 % de la production mondiale.
>
> **AFRIQUE**
> 10 % de la production mondiale.
>
> La culture des arabicas représente 75 à 80 % de la production mondiale ; celle des robustas comble les 20 à 25 % restants.

Les brésils

De qualité inférieure aux légers, la catégorie des brésils regroupe les cafés cultivés à plus basse altitude. Issus de plantations massives, les brésils ont généralement fait l'objet d'une cueillette mécanique. Ces cafés ont une saveur et un arôme plutôt neutres. Tous les cafés cultivés au Brésil sont inclus dans cette catégorie, puisque ce sont des arabicas de qualité moyenne ayant été cueillis et traités avec moins de minutie que les légers.

Les robustas

Plus intenses, plus caféinés et de qualité inférieure aux légers, les robustas n'en occupent pas moins une place d'importance sur le marché mondial du café. Les robustas présentent plusieurs avantages : ils sont rustiques et plus résistants à la maladie que les légers ; et ils donnent un meilleur rendement à basse altitude. Les cafés de cette catégorie sont les moins chers au monde et sont donc utilisés par les grandes marques de café commercial et de café instantané.

45

Arabie (voir Yémen)

Brésil (variétés : Santos, Bourbon Santos, Rio, Parana, Victoria, Bahia)

- Le Brésil est reconnu pour la quantité et non la qualité de sa production.

- Le Brésil est le principal fournisseur de café commercial au monde ; l'industrie du café de spécialité n'achète par contre qu'une très faible portion de la production brésilienne.

- Les meilleurs cafés brésiliens sont de variété Santos. Doux et suave, le Bourbon Santos est vendu dans la plupart des supermarchés.

- Les variétés Rio, Parana, Victoria et Bahia sont cultivées à grande échelle et le plus économiquement possible.

- L'avantage des cafés brésiliens est que, à l'instar des robustas, ils favorisent la formation de la « crema », cette mousse onctueuse qui chapeaute l'espresso, mais qu'ils n'ont pas cette intensité écrasante qui caractérise les robustas.

Caraïbes (voir Jamaïque)

Célèbes (voir Indonésie)

Colombie (variétés : Supremo, Excelso, Medellin, Armenia, Manizales, Bogota, Bucaramanga)

- Grande productrice de cafés catégorisés « légers », la Colombie est une référence mondiale en matière de qualité.

- Après le Brésil, la Colombie est le plus important producteur de café au monde.

- En Colombie, la culture du café est assurée par des centaines de milliers de fermes familiales regroupées en coopératives. Le café pousse en haute altitude sur les contreforts des Andes et il est cueilli et traité avec le plus grand soin.

- Le café colombien sera associé à tout jamais à l'image de Juan Valdez et de son mulet. Icône d'une campagne de marketing au succès retentissant, Juan Valdez personnifie désormais le café de la Colombie.

46

- La Colombie produit plusieurs arabicas neutres qui sont parfaits pour les mélanges. Ces cafés sont riches, onctueux et d'acidité équilibrée.

- Les variétés Supremo et Excelso sont les plus exportées. Des deux variétés, c'est le Supremo qui est le meilleur. Ses grains, plus gros que ceux de l'Excelso, donnent un café corsé, à la saveur délicate et parfumée. Côté douceur et acidité, l'Excelso est moins équilibré.

- Identifiées en marché par l'acronyme « MAM », les variétés Medellin, Armenia et Manizales sont cultivées dans le centre du pays et produisent un café acidulé, aux arômes puissants.

- Dans l'est du pays, on produit les variétés Bogota – reconnue pour sa richesse, sa saveur et son acidité équilibrée – et Bucaramanga, laquelle est ronde, savoureuse et peu acidulée.

Costa Rica (variétés : Tarrazu, Tres Rios, Santa Rosa, Montbello, Juan Vinas, Alajuela)

- Avec ses plantations perchées en haute altitude, le Costa Rica produit des cafés qui figurent parmi les plus riches du monde. Leur arôme somptueux, leur corps exceptionnel et leur goût à la fois velouté et acidulé sont légendaires.

- Fait intéressant, le niveau d'acidité des grains augmente proportionnellement à l'altitude. Les cafés du Costa Rica sont classés différemment selon qu'ils poussent au-dessus ou au-dessous de 1200 m (3 900 pi) d'altitude.

- Un bon café costaricain aura la richesse et l'onctuosité d'un vin de bourgogne, et ses saveurs seront d'une pureté sans égale. Profonds et équilibrés, les cafés du Costa Rica sont des cafés complets.

- Le plateau central de San José est reconnu pour son sol volcanique riche en azote, profond de quelque 4,5 m (15 pi).

- Les quatre variétés les plus connues – Tarrazu, Tres Rios, Heredia et Alajuela – portent le nom de la région où chacune d'elle est cultivée.

47

Cuba

- À cause de l'altitude moins élevée de ses montagnes, Cuba produit un café moins acidulé que les autres pays d'Amérique Centrale.

- Les principaux pays importateurs de café cubain sont la Russie, la France et les pays d'Europe de l'Est.

Équateur

- Situé au sud de la Colombie, dans l'axe des Andes, l'Équateur produit des cafés d'une qualité exceptionnelle.

- Les cafés ecuadoriens ont peu de corps et une acidité marquée.

Éthiopie (variétés : Harrar ou Moka éthiopien, Jimma, Abyssinien, Sidamo ou Yirgacheffe)

- Selon la légende, les premiers caféiers auraient poussé sur les plateaux montagneux d'Éthiopie il y a plus de mille ans. Encore aujourd'hui, les tribus de cette région font la récolte des cerises de café poussant à l'état sauvage.

- Les cafés éthiopiens ont un goût typé, riche et parfumé, qui les distingue des autres cafés. Provenant principalement de caféiers sauvages, les grains sont récoltés et traités à sec selon des méthodes primitives. Ces cafés sont vendus ici sous les appellations « Harrar éthiopien », « Moka éthiopien » et « Abyssinien ».

- Baptisé au nom de l'ancienne capitale du pays, le Harrar est un café robuste, au goût fruité et épicé.

- Le Yirgacheffe est un café riche et parfumé doté d'un envoûtant bouquet floral.

- Le café éthiopien le plus populaire est sans contredit le Yémen Moka.

Guatemala (variétés : Coban, Antigua, Atilans, Huehuetenango)

- Riche en azote et d'origine volcanique, le sol du Guatemala est semblable à celui du Costa Rica, pays voisin.

- En périphérie de la vieille capitale, Guatemala City, le caféier est cultivé « en terrasses ». Ces cultures étagées forment un panorama des plus impressionnants. Le café produit dans cette région porte l'appellation « strictly hard bean », ce qui signifie qu'il a été cultivé à plus de 1 400 m (4500 pi) d'altitude. Les cafés guatémaltèques ont beaucoup de corps et sont à la fois doux et acidulés.

- Les variétés les plus connues sont le Coban, l'Antigua et l'Atilans.

- Le Huehuetenango arbore une puissante acidité et un bouquet fruité à dominance d'agrumes.

- La variété Antigua a du corps, de la vivacité et une acidité équilibrée.

Haïti

- Le café haïtien cultivé en altitude est l'un des meilleurs du monde. À la fois riche, doux et texturé, il s'apparente au légendaire Blue Mountain jamaïcain.

- La douceur moelleuse des cafés haïtiens est imputable aux averses torrentielles qui sévissent sur cette île, mais aussi à la richesse de son sol volcanique.

- La production est malheureusement limitée dû au manque d'organisation de l'industrie locale et aux réglementations strictes imposées par le gouvernement haïtien.

Hawaï (variété : Kona)

- Hawaï est la seule région productrice de café aux États-Unis.

- Cultivé à flanc de volcan, le Kona est vraiment un très grand cru. Ses beaux grains lustrés font l'objet d'un traitement soigné.

- À Hawaï, le café est une industrie de petite envergure et le coût de la main-d'œuvre est élevé. La superficie totale de culture du café sur cette île est de 3,2 km par 40 km (2 mi par 25 mi).

- Le meilleur de la production est destiné au marché local et n'est donc pas exporté.

- Eu égard à sa qualité et à sa rareté, le Kona est le café de dégustation par excellence. Doux et légèrement acidulé, il est doté d'un goût riche et d'un arôme enivrant.

Inde (variétés : Mysore, Baba Budan, Niligris, Coorg, Malabar moussonné)

- Dans la province australe de Mysore, on cultive l'arabica depuis le milieu du XVIIe siècle. Un musulman du nom de Baba Budan aurait introduit le café dans la région à la suite d'un pèlerinage au Yémen.

- Les cafés indiens sont moins chers et de qualité plus égale que les cafés indonésiens.

- Le Malabar moussonné est reconnu pour son corps, son arôme délicat, sa couleur riche et profonde et son goût épicé.

- Le traitement de préparation favorisé est le « moussonnage ». Les grains d'arabica non lavés sont entreposés durant la saison des pluies pour être ensuite exposés aux vents secs et chauds de la mousson pendant environ un mois. Cette méthode de séchage produit un café doux et légèrement épicé.

- Des grains provenant de différentes régions sont généralement mélangés, puis vendus à l'enchère.

Indonésie et Nouvelle-Guinée (variétés : Java, Sumatra, Célèbes, Mandheling, Ankola)

- Certains des cafés les plus réputés du monde proviennent de la Papouasie Nouvelle-Guinée et des îles de l'archipel indonésien – Java, Sumatra, Célèbes.

- Les cafés d'Indonésie et de Nouvelle-Guinée sont reconnus pour leur richesse, leur corps et leur acidité à la fois profonde et douce.

- L'île de Java est synonyme de café. Elle produit un café mature, fort et épicé qui a beaucoup de corps.

- Les cafés de Sumatra sont très prisés dans l'industrie du café de spécialité pour leur saveur musquée et leur corps dense et puissant. L'arôme exquis, la vivacité quelque peu sirupeuse des variétés Mandheling et Ankola en font de grands favoris.

- Le Célèbes ressemble au Sumatra, quoiqu'il est un peu plus léger et moins acide que ce dernier. On donne parfois au Célèbes le nom de « Kalossi ».

Java (voir Indonésie)

Jamaïque (variétés : Blue Mountain, High Mountain)

- Le Blue Mountain est sans doute le café le plus réputé du monde entier.

- D'une richesse inégalée, le Blue Mountain est un café parfaitement équilibré du point de vue de l'arôme, de la saveur, du corps et de l'acidité.

- La Jamaïque est un pays d'extrêmes en ce sens qu'il produit sur ses basses terres des cafés de mélange ordinaires et peu coûteux et, en altitude, des cafés qui figurent parmi les plus chers et les plus convoités du monde. Qualifié de « caviar des cafés », le Blue Mountain du célèbre domaine Wallensford est le plus dispendieux et le plus réputé de la planète.

- Ordinaire et sans relief, le High Mountain ne partage que très peu des prestigieux attributs du rarissime Blue Mountain.

Kenya (variété : Nairobi)

- Les cafés kenyans poussent sur des plateaux en contrefort du mont Kenya, à une altitude incroyable de 1500 m (5000 pi).

- Le soutien que le gouvernement kenyan accorde à l'industrie du café a donné lieu à des méthodes de traitement rivalisant en qualité avec celles de la Colombie et du Costa Rica. Les normes élevées visant la cueillette et la production permettent au Kenya de produire un café au goût riche et plein, d'une acidité pétillante.

Kona (voir Hawaï)

Mexique (variétés : Chiapas, Oaxaca Pluma, Coatepec, Huatusco, Orizaba)

- Les meilleurs crus sont cultivés dans le sud du pays.

- Les meilleurs grains sont cultivés dans les domaines du Veracruz et du Coatepec. Les cafés lavés les plus savoureux sont le Chiapas et l'Oaxaca Pluma, deux variétés lavées et traitées à sec dans la région de production, laquelle est située à proximité de la frontière guatémaltèque.

51

- Les cafés des régions d'Orizaba et de Huatusco viennent au second rang en termes de qualité. Ce sont ces variétés que les Mexicains favorisent. Les grains sont traités à sec, torréfiés noirs, puis givrés de sucre. Il en résulte un café dense et sucré.

- La plupart des cafés mexicains manquent de corps et d'acidité parce qu'ils sont cultivés à basse altitude.

- À son meilleur, un café mexicain sera vif, sec et légèrement acidulé.

Moka (voir Yémen)

Mysore (voir Inde)

Nouvelle-Guinée (voir Indonésie)

Nicaragua (variétés : Jinotegas, Matagalpa)

- Suivant l'exemple du Salvador, le Nicaragua a récemment privatisé et remodelé son industrie du café. Sa production est maintenant axée sur le café de spécialité.

- Les cafés nicaraguayens sont neutres, passablement acidulés et de densité moyenne, caractéristiques qui en font d'excellents cafés de mélange.

Ouganda (variété : Bugisu AA)

- L'Ouganda produit un seul arabica cultivé en altitude : le Bugisu AA. Cultivé le long de la frontière kenyane sur les pentes occidentales du mont Elgon, le Bugisu est un café léger et acidulé.

- Les grains de café ougandais ressemblent à ceux des cafés kenyans.

- Tous les autres cafés ougandais sont des robustas destinés aux mélanges bon marché et aux cafés instantanés.

Panama

- Les arabicas lavés du Panama rivalisent en qualité avec ceux du Costa Rica.

- Les cafés de cette région ont beaucoup de corps, une saveur douce et une bonne acidité.

Pérou (variété : Chanchamayo)

- Le meilleur café péruvien est cultivé en altitude, dans la vallée de Chanchamayo.

- Les cafés du Pérou sont délicats et savoureux, avec juste ce qu'il faut d'acidité.

- Les exportateurs ont malheureusement miné la réputation des cafés péruviens en mélangeant les meilleurs crus avec des grains de qualité moyenne.

- La faible production de ce pays est imputable aux bouleversements politiques qui y sévissent.

République Dominicaine (variétés : Santo Domingo, Barahona, Bani, Ocoa)

- Les meilleurs arabicas lavés de ce pays, le Bani et l'Ocoa, sont cultivés dans l'Est de l'île. Ce sont des cafés doux et légèrement sucrés.

- Les cafés de la République Dominicaine portent le qualificatif supplémentaire de « Santo Domingo », l'ancien nom de l'île (ex. : Santo Domingo Bani).

- Plus acidulé que les autres variétés locales, le Barahona s'apparente aux cafés de haute altitude de la Jamaïque.

- La République Dominicaine produit des cafés de qualité intermédiaire agréables au goût et équilibrés.

Salvador

- Ce pays minuscule ne cultive pratiquement rien d'autre que du café.

- Les meilleurs cafés salvadoriens sont cultivés en altitude. Très populaires en France, ces cafés sont ronds de corps, légèrement sucrés et d'acidité moyenne.

Sumatra (voir Indonésie)

Tanzanie (variétés : Kilimandjaro, Mkibo Chagga)

- La majorité des arabicas de Tanzanie sont cultivés sur les pentes du mont Kilimandjaro, près de la frontière kenyane. On retrouve des plantations de moindre envergure au sud de cette région.

- Ce sont des tribus indigènes qui, encore aujourd'hui, assurent la culture à flanc de montagne.

- Vifs, riches et exotiques, les cafés tanzaniens ont le corps voluptueux et l'acidité équilibrée d'un bon vin.

Venezuela (variétés : Caracas ; variétés Maracaibo : Merida, Cucuta, Trujillo, Tachira)

- Les meilleurs cafés vénézuéliens sont cultivés dans l'Ouest du pays, près de la frontière colombienne. Les variétés dites « Maracaibo », du nom du port à partir duquel elles sont exportées, sont les plus prisées.

- La variété Merida se distingue des autres Maracaibos par son arôme envoûtant et sa saveur délicate.

- Fraîche et savoureuse, la variété Caracas est très populaire en France et en Espagne.

- La qualité varie beaucoup d'une plantation à l'autre.

Yémen (variétés : Moka, Arabe)

- Café célèbre entre tous, le Moka est originaire des montagnes du Yémen, plus précisément de la pointe sud-ouest de la péninsule Arabe s'ouvrant sur la mer Rouge.

- Bien que le terme « moka » soit utilisé aujourd'hui à toutes les sauces, le véritable Moka est une variété de café bien spécifique, reconnue pour son arrière-goût chocolaté. Le Moka a d'ailleurs inspiré le traditionnel mélange de chocolat chaud et de café qui porte son nom.

- Au Yémen, on pratique toujours les méthodes primitives de cueillette et d'extraction qui avaient cours il y a de cela plusieurs siècles. Très peu de Mokas ont été affublés d'une appellation spécifique. Parmi les Mokas ainsi identifiés, on retrouve le Mattari et le Sanani, deux variétés exportées dans le monde entier.

Zaïre (Voir Zimbabwe)

Zimbabwe (Zaïre)

- Les arabicas lavés du Zimbabwe poussent dans les montagnes du Kivu et de l'Ituri, deux régions où s'étend le massif du Ruwenzori. La qualité et la disponibilité des cafés zimbabwéens varient d'une année à l'autre, au gré des bouleversements politiques qui ne cessent de secouer ce pays.

- Les cafés de cette région sont excellents pour les mélanges du fait que leur saveur agréable est contrebalancée par un taux d'acidité élevé.

- L'instabilité politique et climatique fait que la qualité de la récolte est quasiment impossible à prévoir d'une année à l'autre.

Il y a plusieurs façons de préparer le café. De la cafetière à piston à la machine à espresso, toutes les méthodes ont une chose en commun : il faut utiliser de l'eau chaude pour extraire l'arôme et la saveur de la mouture.

La méthode d'extraction, tout comme la force d'un café, est affaire de préférence personnelle. Chaque méthode a ses avantages et ses inconvénients ; chaque méthode produira un café d'une saveur et d'une densité particulière. C'est donc à chacun de choisir celle qui lui convient. Certains choisissent en fonction de la qualité, d'autres en fonction de la simplicité de préparation. Certains opteront pour la méthode la plus économique alors que pour d'autres, ce sont les gestes du rituel qui prévalent. Bref, c'est à vous de voir. À chacun sa méthode !

Les types de cafetière dont il sera question dans le présent chapitre sont :

- La cafetière à filtre automatique ou manuelle

- La cafetière à piston de style « Bodum »

- La cafetière à décompression

- La cafetière arabe ou orientale

- Le percolateur

À la section intitulée « Comment préparer l'espresso », nous parlerons plus spécifiquement de :

- La cafetière à pression, ou italienne

- La cafetière napolitaine

- La machine à espresso à pompe, à piston ou à percolateur

Indépendamment de la méthode de préparation employée, la qualité du résultat final dépendra des facteurs suivants :

- Le degré de torréfaction (voir p. 29).

- La quantité et la catégorie de mouture employée (voir p. 38).

Les cafetières à filtre

C'est ce type de cafetière qui est le plus utilisé en Amérique du Nord et dans le nord de l'Europe. La cafetière à filtre permet une extraction rapide du fait que l'on emploie une mouture très fine. Son emploi est simple : on place un filtre en papier de forme conique dans le porte-filtre en verre, en plastique ou en céramique qui surplombe la cafetière proprement dite ; après avoir déposé la mouture dans le filtre, on l'humecte d'eau bouillante. Le café infusé s'égoutte alors lentement dans la cafetière.

La cafetière à filtre automatique

Le mode d'emploi

Il suffit de déposer une mouture fine ou moyenne dans le filtre de papier. La machine se charge ensuite de chauffer l'eau et de la faire s'écouler sur la mouture. Le café infusé s'égoutte dans un récipient de verre qui repose sur une plaque chauffante.

Les avantages

- Rapide, pratique et très facile d'emploi.

- Permet de préparer plusieurs tasses de café à la fois.

- Facile à nettoyer. Les filtres en papier sont jetables après usage.

- Les amateurs de café soucieux de l'environnement pourront utiliser un filtre métallique réutilisable.

Les inconvénients

- Les filtres de papier absorbent un peu de la saveur du café.

- Quand on conserve le café plus de 20 min sur la plaque chauffante, il surchauffe et prend un goût de brûlé légèrement amer. Pour éviter cela, transférez immédiatement le café infusé dans un thermos. Votre café restera chaud plus longtemps si vous réchauffez d'abord le thermos en versant de l'eau chaude à l'intérieur.

Catégorie de mouture recommandée

- Moyenne pour les filtres en papier.

- De fine à moyenne pour les filtres métalliques.

Conseils de préparation

- Ne gardez jamais le café sur la plaque chauffante plus de 20 min.

- Conservez le café chaud dans un thermos si nécessaire.

- Remuez la cafetière juste avant de servir pour que les arômes du café se mélangent.

La cafetière à filtre manuelle (Melitta)

Le mode d'emploi

- Déposez une quantité de mouture dans un filtre de métal ou de papier que vous aurez inséré dans un porte-filtre spécialement conçu à cet effet. Faites ensuite chauffer de l'eau dans une bouilloire. Une fois que l'eau aura atteint le point d'ébullition, laissez-la reposer de 10 à 15 sec, puis versez-la lentement sur la mouture. Le café infusé s'égouttera alors dans le récipient se trouvant sous le porte-filtre.

59

Les avantages

- Cette méthode permet de préparer de petites quantités de café ; vous éviterez donc les gaspillages.

- Cette méthode produit un meilleur café que la cafetière à filtre automatique, puisqu'elle vous permet de contrôler précisément la température de l'eau, ainsi que la quantité d'eau utilisée durant l'extraction.

- Comme le récipient ne repose pas sur une plaque chauffante, le café ne surchauffera pas et conservera mieux sa saveur.

- Cette méthode est si simple qu'elle permet de préparer le café n'importe où, même en camping !

Les inconvénients

- Bien que cette méthode produise un café de meilleure qualité, elle demande plus de temps et de travail puisque vous devez faire bouillir l'eau séparément pour ensuite la verser manuellement sur la mouture.

Catégorie de mouture recommandée

- Moyenne pour les filtres en papier.

- De fine à moyenne pour les filtres métalliques.

Conseils de préparation

- Avant d'humecter la mouture, réchauffez le récipient en le rinçant à l'eau chaude.

- Laissez reposer l'eau bouillante de 10 à 15 sec avant de la verser sur la mouture.

- Aspergez légèrement la mouture avant de l'humecter complètement. Par exemple, si vous utilisez 90 g (½ tasse) de mouture, aspergez-la au préalable avec une quantité égale d'eau. Attendez 30 sec, puis versez le reste de l'eau chaude – dans ce cas-ci, 625 ml (2 ½ tasses). En plus de libérer la saveur et les arômes du café, ce contact initial de l'eau avec la mouture favorise une extraction plus uniforme.

La cafetière à piston (Bodum)

Cette méthode toute simple produit un café à la fois riche et robuste. En fait, c'est de loin la méthode de préparation idéale pour l'espresso. On emploie ici une grosse ou moyenne mouture qui sera infusée directement dans la cafetière. Il en résulte une boisson débordante d'arômes et de saveurs.

Le mode d'emploi

• Commencez par réchauffer le récipient de verre en le rinçant à l'eau chaude. Déposez la quantité voulue de mouture dans le pot, puis ajoutez l'eau bouillante. Placez ensuite le couvercle à piston sur la cafetière et laissez infuser de 4 à 6 min. Pour finir, abaissez doucement le piston de manière à ce que le filtre pousse la mouture dans le fond du pot.

Les avantages

• Cette méthode donne le café le plus riche qui soit (sauf dans le cas de l'espresso).

• Comparativement à la cafetière à filtre, le temps d'extraction est moins long, l'eau est plus chaude et le café est moins dilué.

• Comme la température de l'eau est contrôlée, le café ne risque pas de bouillir ou de surchauffer. Il ne deviendra donc pas amer et conservera toute la richesse de son arôme et de sa saveur.

• Les délicates huiles aromatiques que renferme le café demeurent intactes parce qu'elles n'entrent pas en contact avec un filtre en papier.

• Cette méthode est simple, rapide, et on peut l'utiliser à peu près n'importe où.

Les inconvénients

• Il est possible que le café refroidisse durant la période d'infusion. (Pour éviter cela, référez-vous aux conseils de préparation ci-dessous.)

61

- Si vous utilisez une mouture trop fine, la tension superficielle du liquide sera accrue et, conséquemment, vous aurez du mal à abaisser le piston.

- Vous retrouverez également des sédiments au fond de votre tasse si la mouture est trop fine.

- La cafetière à piston est un peu plus difficile à nettoyer que la cafetière à filtre.

Catégorie de mouture recommandée

- Grosse ou moyenne.

Conseils de préparation

- Mesurez 2 c. à soupe combles de mouture par 170 ml (6 oz) d'eau.

- Utilisez de préférence de l'eau filtrée. Meilleure sera la qualité de l'eau que vous emploierez, et meilleur sera votre café.

- Rincez la cafetière à l'eau chaude avant d'ajouter la mouture. Laissez l'eau bouillante refroidir légèrement avant de la verser sur la mouture ; visez une température d'environ 100 °C (212 °F). Le café restera chaud plus longtemps si vous enveloppez la cafetière dans un linge à vaisselle durant l'infusion.

Autre avantage de la cafetière à piston

- On peut l'utiliser pour faire mousser le lait ! Voici comment procéder :

- Faites chauffer 250 ml (1 tasse) de lait écrémé, de lait de riz ou de lait de soja en prenant soin de ne pas le laisser bouillir ou surchauffer. Retirez-le du feu dès qu'il sera assez chaud pour que vous ne puissiez plus y tremper le doigt.

- Versez le lait dans une cafetière à piston que vous aurez nettoyée au préalable.

- Activez le piston de haut en bas, comme si vous barattiez du beurre. Le liquide augmentera progressivement de volume et, au bout de quelques minutes, vous obtiendrez une belle mousse onctueuse dont vous garnirez vos cappuccinos et vos lattes.

La cafetière à décompression (Silex, Cona)

La cafetière à décompression est composée de deux globes de verre reliés par un tube et suspendus au-dessus d'un brûleur. Le dispositif ressemble davantage à un attirail d'alchimiste qu'à une cafetière ! Très en vogue au début du XXe siècle, la cafetière à décompression a connu une seconde vague de popularité dans les années 1960 et 1970. Son mécanisme compliqué et capricieux n'est plus très apprécié de nos jours.

Le mode d'emploi

- Insérez le filtre dans l'entonnoir situé au centre du mécanisme, puis déposez la mouture dans le globe supérieur. Remplissez le globe inférieur d'eau bouillante et mettez-le en place. Vous devez employer de l'eau bouillante parce que si vous utilisez de l'eau froide, il vous faudra attendre des heures pour que la flamme du brûleur l'amène à ébullition. Assurez-vous que les deux globes sont bien installés ; il ne faut pas qu'il y ait d'air qui puisse s'insérer entre les deux. Posez ensuite la cafetière sur le brûleur. En chauffant, l'air contenu dans le globe inférieur se dilatera, ce qui fera monter l'eau chaude dans le globe supérieur, où se trouve la mouture. Une fois le café infusé, éteignez le brûleur. En refroidissant, le globe inférieur se contractera, créant par le fait même un vide qui aspirera le café vers le bas. Une fois que le café aura fini de s'écouler dans le globe inférieur, retirez le globe supérieur et servez.

Les avantages

- La portabilité. Et puis, comme ce système ne nécessite aucune alimentation électrique, vous pouvez vraiment l'utiliser partout.
- Cette méthode de préparation spectaculaire et inusitée aura l'heur d'épater vos invités.
- La cafetière à décompression est idéale pour les dégustations, car elle produit un café très pur, d'une qualité exceptionnelle.

63

Les inconvénients

- Le temps de préparation est très long.

- Le mécanisme est complexe et capricieux.

- Il faut faire preuve de patience et de méthode quand on utilise ce type de cafetière. Il est, par exemple, capital que la phase d'écoulement soit complétée avant que vous retiriez le globe supérieur, sinon vous risquez de renverser du café partout.

- Les modèles en plastique produisent un café brun plutôt trouble et sont donc déconseillés.

Catégorie de mouture recommandée

- De moyenne à fine.

Conseils de préparation

- Pour gagner du temps, faites bouillir l'eau séparément dans une bouilloire. Ainsi, la pression de la vapeur commencera à agir aussitôt que vous aurez mis la cafetière sur le brûleur.

- Assurez-vous que le café s'est complètement écoulé dans le globe inférieur avant de retirer le globe supérieur.

La cafetière arabe ou orientale

Ce type de cafetière est utilisé dans la préparation du café turc et du café grec. Plusieurs pays orientaux favorisent cette méthode qui se prête à diverses variations. Mais quelle que soit la variante employée, la méthode de base reste la même : l'eau, la mouture et le sucre sont mis à bouillir ensemble jusqu'à l'obtention d'un café dense et sirupeux.

Le mode d'emploi

- Vous utiliserez ici une cafetière arabe (ibrik) ou grecque (briki). Ces cafetières sont caractérisées par leur poignée longue et leur corps en cuivre.

- Pour préparer deux tasses de café, mettez 2 c. à café (2 c. à thé) de mouture extrafine, 125 ml (½ tasse) d'eau froide et 1 c. à café (1 c. à thé) de sucre dans la cafetière.

- Faites bouillir la mixture.

- Après avoir porté à ébullition, retirez l'ibrik ou le briki du feu, laissez reposer jusqu'à ce que la mousse disparaisse, puis remuez.

- Répétez l'opération. À la seconde ébullition, le café devrait épaissir considérablement.

- Versez le café dans deux petites tasses de 60 ml (2 oz) chacune. Attendez que le marc se dépose au fond de la tasse avant de consommer.

Les avantages

- Cette méthode donne un café dense, mais étonnamment doux et sucré – du moment, bien sûr, que vous avez ajouté suffisamment de sucre à la mixture.

- Cette méthode de préparation inusitée aura l'heur d'impressionner vos invités.

Les inconvénients

- Il n'est pas facile de produire, à la surface du café, la fine mousse brune caractéristique des cafés orientaux. Le novice mettra du temps à maîtriser cette technique de préparation.

65

Catégorie de mouture recommandée

- Mouture extrafine ayant la texture de la farine.

Conseils de préparation

- Ne remplissez jamais l'ibrik plus qu'à moitié. Cette méthode de préparation produit beaucoup de mousse, aussi la cafetière risque-t-elle de déborder si elle est trop pleine.

- Quand l'écume atteint le col de la cafetière, retirez du feu et versez un peu de cette mousse cérémonielle dans chacune des tasses. Bien que, en Orient, on utilise des quantités égales de sucre et de café, vous pouvez ajuster au goût la quantité de sucre utilisée.

- Ne surchauffez pas le café. Retirez-le du feu dès qu'il se met à bouillir et répétez l'opération deux ou trois fois. Servez le café immédiatement une fois qu'il est prêt.

- Pour un café plus épicé, ajoutez des graines de cardamome, de la cannelle, de la muscade ou des clous de girofle à la mixture en ébullition.

Le percolateur

Il n'y a pas pire façon de préparer le café que de le faire bouillir ! C'est pourquoi cette méthode de préparation qui était très populaire dans les années 1930 et 1940 n'a plus la cote de nos jours. Dans un percolateur, l'eau bouillante est acheminée via un tube jusqu'à un filtre rempli de café soluble. Le café est alors bouilli, une méthode d'extraction brutale qui en détruit les arômes et le rend particulièrement amer.

Le mode d'emploi

- Versez l'eau dans la cafetière.

- Déposez la mouture dans le filtre, puis insérez-le dans le percolateur. Recouvrez la cafetière de son couvercle, puis mettez-la sur le feu – ou branchez-la s'il s'agit d'une cafetière électrique.

- La pression de la vapeur fera monter l'eau chaude qui infusera alors la mouture de façon répétée.

- Propulsé par la vapeur et en constante ébullition, le café infusé circulera dans le percolateur de six à huit fois.

Les avantages

- Aucun.

Les inconvénients

- Cette méthode d'extraction grossière détruit complètement les huiles et les arômes délicats que renferme le café, produisant une boisson âpre et amère.

- Le café bouilli au percolateur est mauvais pour la santé. (Voir p. 145, section « cholestérol ».)

Catégorie de mouture recommandée

- Grosse ou moyenne.

Quelques conseils pour la préparation

Que vous favorisiez une simple tasse de café noir ou un cappuccino bien mousseux, il y a certaines règles fondamentales que vous devez respecter pour maximiser le potentiel gustatif et aromatique de votre café. Chaque ingrédient doit être d'une fraîcheur et d'une qualité optimale ; chaque étape de la préparation doit être exécutée correctement. C'est à force de répéter que vous parviendrez éventuellement à faire le café à la perfection.

La propreté de l'équipement

- Nettoyez filtres et cafetières avec une eau tiède additionnée de bicarbonate de soude. Les huiles et sédiments qui demeurent après utilisation peuvent devenir rances et imprégner vos équipements d'une odeur désagréable.

La qualité de l'eau

- N'utilisez jamais l'eau du robinet, car c'est une eau dure qui contient des matières calcaires et minérales nuisibles tant pour la machine que pour le café lui-même.

- Employez de préférence une eau filtrée (système Brita) ou distillée qui ne contient pas de chlore. L'eau filtrée est idéale parce qu'elle ne renferme aucun des sels minéraux qui peuvent nuire à l'extraction du café.

- Si vous devez absolument utiliser l'eau du robinet, alors utilisez de l'eau froide. L'eau chaude est moins fraîche parce qu'elle demeure plus longtemps dans la tuyauterie et dans le chauffe-eau.

- Vous pouvez également utiliser de l'eau déminéralisée pour préparer le café. Certains estiment que les agents et phosphates que contient ce type d'eau donnent un goût savonneux au café.

La catégorie de mouture et le temps d'infusion

- Il est important de choisir la bonne catégorie de mouture et de contrôler le temps d'infusion en fonction de la méthode d'extraction utilisée (voir p. 38).

La quantité de mouture

- Avec une mouture fine, la règle de base est qu'il faut employer 1 c. à soupe rase de café par 250 ml (1 tasse) d'eau. Pour un café bien fort, utilisez 1 c. à soupe comble de mouture par 125 ml (½ tasse) d'eau. Avec une mouture plus grossière, vous pouvez employer jusqu'à 4 c. à soupe combles de café par 625 ml (2 ½ tasses) d'eau.

- N'hésitez pas à déroger à ces règles de base en variant les quantités au goût. Laissez-vous guider par vos goûts et préférences personnelles.

La température de l'eau

- Durant l'extraction, la température de l'eau se situera idéalement entre 90 et 96 °C (195-205 °F). Le café infusé se boit idéalement entre 85 et 88 °C (185 à 190 °F).

- Pour avoir une idée de la puissance de l'élément chauffant de votre cafetière ou machine à espresso, référez-vous à sa consommation en watts. Plus cette consommation est élevée, plus la chaudière de l'appareil est puissante. Les meilleures machines commerciales ont une puissance de plus de 1000 watts, ce qui est idéal ; la plupart des cafetières à usage domestique se situent sous ce seuil optimal avec une puissance d'environ 850 watts.

Les techniques d'extraction propres à
l'espresso sont bien distinctes des autres
méthodes de préparation. Réputé pour
ses arômes caractéristiques et sa saveur
intense, l'espresso est à tous points de
vue un « café extrême » ; il se boit nature
ou agrémenté de lait mousseux (cappuccino) et il est utilisé dans la confection de
savoureux mokaccinos.

Le processus d'extraction de l'espresso
est particulier en ce sens qu'il fait appel
à une eau chaude (et non bouillante) for-
tement pressurisée. Cette pression « propulse » l'eau à travers la mouture très
rapidement et avec force. Une machine à
espresso produira idéalement une pression
variant entre 57 et 64 kg (125 à 140 lb),
ce qui correspond à 9 bars. Coûteuses et
sophistiquées, les machines à espresso
commerciales génèrent toujours une

pression optimale et produisent donc un café exemplaire, tant du point de vue du corps et de l'arôme que de la saveur. C'est d'ailleurs avec ce type de machine que la crema est à son meilleur.

Comment faire alors pour obtenir un espresso de cette qualité à la maison ?

De nos jours, l'amateur de café peut sans problème concocter chez lui de délicieux espressos. On trouve sur le marché toutes sortes de cafetières et machines à espresso, et l'éventail des prix est aussi vaste que les méthodes de préparation sont variées. À vous de trouver l'appareil qui convient à votre budget et à vos préférences.

L'espressophile sérieux et fortuné optera généralement pour une machine électrique hautement sophistiquée, fonctionnant selon une technologie de pointe. On compte trois types de machines à espresso :

- La machine à pompe
- La machine à piston
- La machine à percolateur

Tous ces appareils sont disponibles en version commerciale ou domestique. Soyez cependant averti que les modèles haut de gamme coûtent plus de 1 000 $!

L'amateur qui hésite à dilapider sa fortune dans l'achat d'une machine complexe et onéreuse sera heureux d'apprendre qu'il peut acheter une cafetière à espresso toute simple pour la modique somme de 20 $ à 30 $. Il existe deux types de cafetière à espresso :

- La cafetière italienne
- La cafetière napolitaine

Moins sophistiquées que leurs cousines électriques, ces cafetières n'en sont pas moins fiables et efficaces. De fait, elles sont idéales pour préparer des boissons au café à base de lait. L'espresso élaboré dans ces humbles cafetières ne rivalisera peut-être pas avec ceux des baristas professionnels, n'empêche que les Européens utilisent ce type d'ustensile depuis plusieurs décennies, avec d'excellents résultats. En Italie, presque tous les foyers sont pourvus d'une cafetière italienne. Dans ce coin du monde, c'est la façon la plus populaire de préparer l'espresso.

La cafetière italienne

Cette traditionnelle cafetière permet de préparer l'espresso directement sur la cuisinière. Elle est disponible en acier inoxydable, en céramique et en aluminium, quoique cette dernière option ne soit pas recommandée. Encore ici, c'est la pression créée par l'eau bouillante qui met en branle le processus d'extraction. Avec une pression variant entre 1 ½ bar et 3 bars, nous sommes loin des 9 bars idéaux ; néanmoins, cela suffit à produire la riche saveur et l'onctueuse texture caractéristique d'un espresso. Bon nombre de connaisseurs préfèrent en fait la cafetière italienne aux machines à espresso modernes.

Le mode d'emploi

La cafetière italienne est composée de deux chambres et d'un filtre en forme de panier. Remplissez la chambre du bas d'eau froide jusqu'à hauteur de la soupape de sûreté. Déposez une quantité de mouture de catégorie fine dans le filtre, puis mettez le filtre en place dans la chambre inférieure. Après avoir vissé la chambre du haut à celle du bas, mettez la cafetière sur le feu. La pression fera monter la vapeur d'eau chaude dans la chambre supérieure ; ce faisant, la vapeur passera à travers la mouture pour l'infuser. Il faut compter environ 3 min avant que la cafetière se mette à gargouiller. Retirez du feu dès que le café commence à bouillonner et à sortir par le bec de la cafetière, puis laissez reposer le tout pendant quelques minutes. L'espresso est prêt quand la chambre du haut est pleine et que le bec ne laisse plus échapper que la fine vapeur du café chaud. Vous remarquerez tout de suite l'absence de cette magnifique crema qui coiffe ordinairement le parfait espresso. Cette lacune est due au fait que la cafetière italienne ne génère pas les 9 bars de pression nécessaires à l'émulsion des huiles et colloïdes que renferme la mouture. Si votre cafetière italienne produit de la crema, c'est que vous êtes béni des dieux!

La cafetière italienne à portion simple

Il existe un autre type de cafetière à espresso. Cette cafetière de fonctionnement similaire à la cafetière italienne est très pratique du fait qu'elle va sur le feu, prépare le café directement dans la tasse tout en la gardant chaude, et permet de préparer une ou deux tasses seulement plutôt qu'un pot entier de café. C'est ce type de cafetière que favorise Beat Hegnauer, le chef cuisinier du Banff Centre. Cet ustensile, qui coûte à peine 20 $, vous permettra de préparer d'excellents doubles espressos que vous pourrez coiffer d'une mousse délicate si le cœur vous en dit. Faites chauffer et mousser le lait séparément dans une casserole tandis que le café est en train d'infuser.

Les avantages

- Parfait pour les cafés au lait, acceptable pour les cappuccinos.
- Cette méthode ne vous donnera peut-être pas le « parfait espresso », néanmoins elle produira à tous coups un café riche et savoureux. Ajoutez-y de la mousse de lait pour concocter à peu de frais de délicieux lattes, cappuccinos et mokaccinos.
- Il s'agit d'une façon simple et efficace de préparer l'espresso à la maison. En plus d'être économique, ce type de cafetière est facile d'entretien.

Les inconvénients

- Votre production est limitée du fait que l'on ne peut infuser qu'une seule tasse à la fois.

- Évitez les modèles en aluminium, car ce métal altère le goût du café.

Catégorie de mouture recommandée

- De fine à moyenne.

Conseils de préparation

(Les conseils suivants vous sont offerts par Janice DiMillo, une amie italo-polonaise de longue date qui vit à Toronto, au cœur de la Petite Italie.)

- Évitez les cafetières italiennes en aluminium. Ce métal interagit avec les acides du café et en corrompt la saveur.

- Utilisez toujours de la mouture à espresso. Les moutures destinées aux cafetières à filtre ne fonctionnent pas avec une cafetière italienne.

- Le corps, la saveur et l'arôme de vos espressos changeront selon la marque et la variété de café utilisée. Essayez-en plusieurs pour trouver celle qui correspond à vos goûts.

- Ne tassez pas la mouture. Le café doit s'amonceler librement dans le filtre et former un petit monticule.

- Essuyez le bord de la chambre inférieure avant d'assembler la cafetière. Les deux chambres doivent être vissées correctement l'une dans l'autre pour former un tout hermétique.

- Faites chauffer la cafetière à feu moyen, mais pas plus. Le processus d'extraction enclenchera très rapidement dès que l'eau se mettra à bouillir ; or, si l'élément de la cuisinière est au maximum, le café surchauffera et deviendra amer.

- Retirez du feu dès que le café commence à bouillonner et à mousser par le bec de la cafetière. Laissez ensuite reposer jusqu'à ce que l'extraction soit complétée. Vous pouvez retirer le couvercle de la cafetière pour observer la montée du café dans la chambre supérieure. L'espresso est prêt quand la chambre du haut est pleine et que le bec de la cafetière ne laisse plus échapper que la fine vapeur du café chaud.

La cafetière napolitaine

Les Italiens l'appellent « napolitaine » ; les Français, « cafetière-filtre » ; et les Américains la surnomment parfois « macchinetta ». Quelle que soit l'appellation employée, cette méthode a cela de spectaculaire qu'il faut retourner la cafetière à l'envers une fois l'extraction terminée.

Le mode d'emploi

- La cafetière napolitaine est composée de deux chambres cylindriques superposées. On met l'eau froide dans la partie du bas, qui est dotée d'un bec verseur, puis on dépose la mouture dans le filtre situé entre les deux chambres. Une fois la partie supérieure mise en place, on fait chauffer la cafetière à feu vif. Dès que l'eau se met à bouillir et que le bec verseur laisse échapper de la vapeur, on retire la cafetière du feu et on la fait culbuter cul par-dessus tête. L'eau chaude infuse la mouture en s'écoulant dans la chambre supérieure, qui se trouve maintenant en bas. C'est aussi simple que ça !

Les avantages

- C'est une façon simple, amusante et économique de préparer le café.
- La cafetière napolitaine donne un café riche et puissant parce que l'on doit utiliser 3 c. à soupe combles de mouture par 375 ml (1 ½ tasse) d'eau.

Les inconvénients

- Le filtre laisse échapper des sédiments qui se retrouveront dans votre tasse.
- Il faut prendre garde de ne pas se brûler en faisant basculer la cafetière ; celle-ci sera idéalement dotée de poignées résistantes à la chaleur.
- Les cafetières en fer ou en aluminium sont déconseillées parce que ces métaux produisent un arrière-goût de brûlé en interagissant avec le café. Optez plutôt pour une cafetière en acier inoxydable à revêtement intérieur d'argent ou de cuivre.

75

- Le café ne restera pas chaud longtemps, à moins que vous ne le transfériez dans un thermos.

Catégorie de mouture recommandée

- Grosse ou moyenne mouture pour les modèles italiens ; fine ou moyenne mouture pour les modèles américains.

Conseils de préparation

- Réchauffez la chambre du bas en la passant à l'eau chaude avant utilisation.
- Laissez reposer l'eau bouillante de 10 à 15 sec avant de basculer la cafetière.
- Ne mettez pas une trop grande quantité de mouture dans le filtre.

Les machines à espresso sophistiquées

Les impressionnants appareils dont nous allons parler dans cette section sont coûteux et complexes, mais leur fiabilité n'est plus à prouver.

Si vous suivez scrupuleusement le mode d'emploi de ces machines domestiques sophistiquées, vous obtiendrez un espresso comparable en qualité à celui que vous concocte votre barista préféré au café du coin. L'avantage de ces machines est qu'elles génèrent suffisamment de pression pour permettre la pleine émulsion des huiles et colloïdes que renferme la mouture. Autre avantage : l'extraction se fait à l'eau chaude, et non à l'eau bouillante !

Contrairement aux autres types de cafetières et machines à café, la machine à espresso moderne permet une extraction extrêmement rapide. Comme le contact entre l'eau et la mouture est très bref, seuls les saveurs et arômes désirables se retrouvent dans la tasse ; avec cette méthode, les composantes chimiques indésirables du café n'ont pas le temps d'être infusées. L'eau pressurisée sature presque instantanément chaque particule de café moulu pour en extraire ce nectar délectable que l'on nomme *espresso*.

Et si vous moulez vous-même les grains de café juste avant de préparer l'espresso, vous obtiendrez à tous coups un café d'une fraîcheur incomparable.

L'amateur d'espresso découvrira dans les pages suivantes trois systèmes différents. Les conseils et informations de cette section vous aideront à mieux comprendre le fonctionnement de ces appareils au mécanisme élaboré et vous permettront de choisir le type de machine qui convient le mieux à vos goûts et besoins.

Notez toutefois que mon but est ici de vous faire connaître les différents types de machines à espresso, de vous faire part de leurs avantages et de leurs inconvénients, et non de vous informer du mode d'emploi spécifique d'un modèle en particulier. Chaque machine est dotée d'un mode d'emploi et de caractéristiques qui lui sont propres, c'est pourquoi il est important que vous lisiez le manuel d'utilisation du modèle spécifique que vous aurez choisi avant de l'utiliser.

La machine à pompe

Ces machines domestiques coûteuses sont de qualité comparable aux machines à espresso commerciales. Un premier bouton enclenche l'élément chauffant tandis qu'un second actionne la pompe. Poussée par la pression que génère la pompe, l'eau traverse rapidement la mouture pour produire un espresso impeccable à la surface duquel trône une somptueuse couche de crema. Ce type de machine est généralement doté d'un bec vapeur permettant de faire chauffer ou mousser le lait. Contrairement aux appareils commerciaux qui sont munis d'une pompe rotative, les modèles domestiques sont équipés d'une pompe à vibration.

Les avantages

- Ces machines génèrent une pression optimale.

- Certains modèles sont dotés de composantes métalliques – filtres, porte-filtres, têtes de soutirage, etc. – qui sont plus durables et gèrent mieux la chaleur.

- Les modèles munis d'un réservoir d'eau à grande capacité permettent de faire plusieurs espressos de suite sans interruption.

- Ces appareils sont équipés d'une chaudière efficace qui porte rapidement l'eau à la température idéale.

Les inconvénients

- Ces appareils sont bruyants et relativement encombrants.

- Les modèles haut de gamme coûtent plus de 400 $ et sont d'une solidité excessive, considérant qu'ils sont destinés à un usage domestique.

- Les machines à pompe sont très sensibles à la catégorie de mouture utilisée.

- Ces machines sont salissantes et doivent être soigneusement nettoyées, aussi est-il conseillé de les utiliser à proximité d'un évier.

Catégorie de mouture recommandée

- Fine. (La grosseur de la mouture doit être réglée avec précision, sinon votre machine ne produira pas de crema.)

Conseils de préparation

- Utilisez autant que possible de l'eau filtrée ou déminéralisée, pour améliorer le goût du café, mais aussi parce que les minéraux que contient l'eau du robinet sont extrêmement néfastes pour ce type de machine.

- Avant de préparer un espresso, activez la pompe et faites couler un peu d'eau chaude afin de réchauffer les composantes métalliques de la machine, ce qui favorisera la production de crema.

- Activer la pompe au préalable permet également d'évacuer l'eau et l'air se trouvant dans la chaudière.

- Jetez toujours la première tasse de café quand vous utilisez ce type de machine. C'est à partir de la deuxième tasse que l'espresso est à son meilleur.

La machine à piston

Le moteur, la pompe et les boutons interrupteurs de la machine électrique à pompe sont ici remplacés par un piston actionné manuellement ; néanmoins, la pression produite est la même qu'avec une machine à pompe. Le mode d'emploi de la machine à piston est simple : on commence par soulever le levier, ce qui fait monter l'eau dans le réservoir situé entre le piston et la chambre d'extraction où se trouve la mouture ; on abaisse ensuite le levier pour faire passer l'eau à travers la mouture. Certaines machines sont munies d'un levier à ressort, une caractéristique qui facilite le maniement du piston.

Très populaire dans les années 1960, la machine à piston a aujourd'hui été supplantée par son homologue à pompe. Bien qu'elle soit désormais quasiment introuvable, les spécialistes du café la tiennent toujours en haute estime parce qu'elle permet de contrôler l'extraction manuellement avec précision.

Les avantages

- Mécanisme impressionnant et fascinant.
- Si elle est employée correctement, la machine à piston produit un espresso de qualité.
- Construction et conception d'une grande simplicité.
- Moins bruyant qu'une machine à pompe.
- Permet de contrôler manuellement la pression en fonction de la grosseur de la mouture.
- Ces machines sont fiables et faciles d'entretien.
- L'eau mettra plus de temps à chauffer, mais elle atteindra une température idéale de 88 °C (190 °F).

- Le réservoir peut être utilisé pour faire mousser le lait.

Vous ne parviendrez peut-être pas toujours à produire le parfait espresso avec ce type de machine, mais, au moins, vous ferez travailler vos biceps !

Les inconvénients

- L'utilisateur doit actionner le piston à la force du bras.

- Si l'utilisateur n'applique pas une pression suffisante sur le levier, son espresso ne sera pas réussi.

- Le café ne sera pas bon non plus si le levier est pressé avec trop de force.

- Ces machines sont relativement encombrantes.

- L'eau met environ 15 min à chauffer et on ne peut pas remplir le réservoir pendant que la machine est en marche ; il faut attendre que l'élément chauffant ait complètement refroidi avant de mettre de l'eau dans le réservoir.

- La capacité du réservoir est limitée.

Catégorie de mouture recommandée

- Fine.

Conseils de préparation

- Il est très important d'employer la bonne catégorie de mouture avec ce type de machine. Une mouture trop grosse n'offrira pas de résistance au piston ; le levier s'abaissera alors sans effort et le café ne sera pas suffisamment infusé. À l'opposé, si la mouture est trop fine, la résistance sera trop forte et vous aurez beaucoup de mal à abaisser le levier.

- Soulevez le levier aussitôt que le témoin lumineux s'allume, sinon il deviendra très difficile à abaisser.

La machine à percolateur

Ce type de machine fonctionne selon le même principe que la cafetière à pression, à cette différence qu'elle est électrique et plus dispendieuse que cette dernière. En effet, alors que l'humble cafetière
italienne est mise à chauffer sur la cuisinière, les percolateurs à
espresso sont dotés d'un élément chauffant et coûtent quatre à cinq
fois plus cher qu'une cafetière à pression.

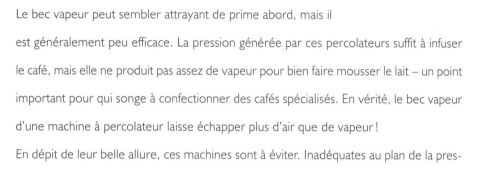

Le bec vapeur peut sembler attrayant de prime abord, mais il
est généralement peu efficace. La pression générée par ces percolateurs suffit à infuser
le café, mais elle ne produit pas assez de vapeur pour bien faire mousser le lait – un point
important pour qui songe à confectionner des cafés spécialisés. En vérité, le bec vapeur
d'une machine à percolateur laisse échapper plus d'air que de vapeur !

En dépit de leur belle allure, ces machines sont à éviter. Inadéquates au plan de la pression et de leur performance globale, elles finissent toujours par décevoir le client.

Les avantages

- Une méthode pratique et rapide de préparer l'espresso.
- Les machines de ce type acceptent toutes les catégories de mouture.
- Axé davantage sur la quantité que sur la qualité, le percolateur à espresso permet de
  préparer plusieurs tasses de café à la fois.
- Élément chauffant intégré.
- Certains modèles permettent de contrôler le degré d'extraction à l'aide d'un bouton
  qui interrompt l'écoulement de l'eau sur la mouture.

81

- La pression contenue dans la chaudière peut être acheminée vers un bec vapeur qui, en principe, permet de faire mousser le lait.

Les inconvénients

- Le percolateur à espresso séduit le consommateur par son look attrayant, mais le déçoit ensuite parce qu'il ne génère pas assez de pression pour produire un espresso authentique. Ce type de cafetière produit très rarement la crema onctueuse qui caractérise l'espresso.

- Bien que beaucoup plus dispendieuse que la cafetière italienne, la machine à percolateur produit des résultats comparables, voire inférieurs à celle-ci.

- Le filtre, le porte-filtre, la tête de soutirage et les autres composantes sont généralement de piètre qualité.

- Ces machines sont encombrantes.

- Plus souvent qu'autrement, la pression générée n'est pas suffisante pour faire mousser le lait. Il est donc parfois nécessaire d'acheter un mousseur en supplément. (Pour bien faire mousser le lait, référez-vous aux conseils des p. 87 à 90.)

- Ce type de cafetière est compliqué à nettoyer.

Catégorie de mouture recommandée

- De moyenne à fine.

Conseils de préparation

- Si vous utilisez un modèle doté d'un bouton interrupteur, coupez le temps d'extraction de moitié en actionnant celui-ci. Vous éviterez ainsi de trop infuser le café.

Les quatre « M » du parfait espresso

Grands spécialistes du café, les Italiens ont établi quatre règles fondamentales concernant la préparation de l'espresso. Quand vous allez au café du coin, le barista se base sur cette série de règle que l'on appelle « les quatre M » pour concocter à votre intention le parfait espresso.

La majorité d'entre nous n'ont pas l'expérience, l'art et la science du barista, n'empêche que nous pouvons nous aussi confectionner un espresso exemplaire en respectant les quatre M de la préparation.

La machine

- Les machines à espresso domestiques sont plus petites et moins dispendieuses que celles que l'on retrouve dans les cafés et les restaurants, néanmoins le modèle que vous choisirez doit être en mesure de générer une pression de 9 bars et de chauffer l'eau à une température de 90 °C (194 °F).

- La machine doit toujours être gardée propre et en bon état de marche.

- On peut certes préparer un espresso bien corsé à l'aide d'une cafetière italienne, mais aussi pratique et économique que soit cette méthode, elle donnera toujours un café moins riche, onctueux et intense que celui produit à l'aide d'une machine à pompe. Cela dit, l'espresso préparé dans une cafetière italienne est parfait pour les lattes, cafés au lait et cappuccinos.

Le mélange

- Optez pour un mélange qui produira un espresso riche, parfumé et à la texture onctueuse. Visez un équilibre harmonieux des saveurs, notamment de l'amertume et de l'acidité.

83

- Les mélanges à espresso sont généralement entièrement constitués d'arabicas de diverses origines. En ce qui me concerne, je préfère un mélange contenant 80 % d'arabica et 20 % de robusta. L'arabica donnera richesse et rondeur au mélange, tandis que le robusta lui donnera force, intensité, ainsi qu'un léger arrière-goût de noix.

- Le choix du mélange est avant tout une affaire de goût. Laissez-vous guider par votre palais.

La mouture

- Pour préserver au maximum la saveur du café, il est conseillé de le moudre juste avant de l'utiliser. Le café moulu est très sensible à l'air et à la lumière et perd donc très vite de sa fraîcheur et de sa saveur. De fait, plus la mouture est fine et plus elle s'oxyde rapidement.

- Utilisez de préférence un moulin à meule ; ce type de moulin ne détériore pas l'arôme du café et permet de régler précisément la grosseur de la mouture. Le temps d'extraction idéal pour l'espresso, c'est-à-dire la durée pendant laquelle l'eau chaude est en contact avec la mouture, est de 15 à 20 sec.

- Dans le cas de l'espresso, comme le temps d'extraction est très court, il faut employer une mouture fine.

La main

- Pour faire un bon espresso, il faut avoir la main. L'habileté de l'opérateur est aussi importante que les trois facteurs précédents.

- C'est la main qui dose la mouture. La quantité recommandée est de 7 à 12 g (¼ à ½ oz) de café pour 30 à 42 ml (1 à 1 ½ oz) d'eau, tout dépendant du mélange utilisé et de la grosseur de la mouture.

- La main se charge également de tasser la mouture dans le porte-filtre. Pour que l'extraction se fasse correctement, vous devez presser le café fermement et de façon uniforme.

Le « tassage » de la mouture

(applicable à toutes les méthodes de préparation, sauf la cafetière italienne)

Durant l'extraction, l'eau exerce sur la mouture une pression variant entre 8 et 10 bars. Or, pour que le café soit infusé de façon uniforme, il est important que la mouture soit bien tassée. L'eau cherchera à s'infiltrer là où la mouture lui oppose le moins de résistance ; par conséquent, si le café n'est pas tassé uniformément, une partie de la mouture sera trop infusée et le reste ne le sera pas assez. Il en résultera un espresso astringent, au goût amer.

Quelques conseils

- Tassez la mouture fermement et uniformément dans le porte-filtre afin que l'eau infuse de façon égale toute la surface du café.

- À l'aide d'un tasseur, pressez tout droit sur la mouture et non de biais, ceci afin d'obtenir une surface plane et homogène.

- Si vous ne tassez pas suffisamment la mouture, vous obtiendrez un espresso dilué qui manquera de corps et de saveur.

- Si vous tassez trop la mouture, votre espresso sera trop infusé et aura un goût de brûlé.

- N'insérez pas le porte-filtre dans la tête de soutirage tant que la mouture n'est pas tassée uniformément.

- Une fois l'extraction terminée, observez bien la mouture humectée se trouvant dans le porte-filtre. Si l'eau a creusé de petits trous dans la mouture, c'est que vous ne l'avez pas tassée suffisamment.

- Après extraction, la mouture humectée doit rester agglutinée pour former une sorte de galette. Si la mouture est boueuse et liquide quand vous l'éjectez du porte-filtre, c'est que vous ne l'avez pas tassée suffisamment ou que vous n'avez pas choisi la bonne catégorie de mouture.

- Ne vous en faites pas si vous ne réussissez pas à bien tasser la mouture du premier coup. C'est à force de répéter que vous parviendrez à maîtriser cette opération.

Une touche de mousse

L'industrie du café spécialisé est aujourd'hui en plein essor. Or, hormis le café, un autre ingrédient a profité de cette vague soudaine de popularité : le lait. Dans les cafés du monde entier, il se consomme maintenant plus de lait que jamais – à preuve, ma fille Krista, qui adore m'accompagner au café du coin pour se commander des laits vapeur. Lait et crème sont désormais des ingrédients essentiels dans la composition de cafés spécialisés de toutes sortes. Du cappuccino mousseux au latte, le lait sous toutes ses formes – homogénéisé, 2 %, écrémé, etc. – se retrouve au cœur de nos délices caféinés (quoique de plus en plus d'amateurs de cafés spécialisés substituent désormais, pour des raisons de santé, le lait de riz ou de soja au lait traditionnel). Demandez à des spécialistes du café quel type de lait mousse le mieux et vous n'obtiendrez jamais deux fois la même réponse. Je connais même une restauratrice qui prépare ses lattes et ses cappuccinos avec un mélange de crème et de lait homogénéisé parce que, selon elle, cela donne un goût plus riche à ces boissons.

Dans l'univers du café spécialisé, les variations axées sur le lait ont donné lieu à tout un vocabulaire visant à décrire la quantité, la variété et le contenu en gras du lait utilisé. De la crème fouettée au nuage de lait en passant par l'espresso macchiato, les variantes sont si nombreuses et le vocabulaire si étoffé qu'on en perd parfois son latin !

Avec un peu de patience, vous apprendrez vous aussi à faire chauffer et mousser le lait entrant dans la composition des cafés spécialisés. Commençons si vous le voulez bien par quelques définitions essentielles :

Lait vapeur

Lait qui a été chauffé juste en deçà de son point d'ébullition, soit sur le feu, soit par injection de vapeur. Comme l'introduction d'air chaud est tenue au minimum, le lait mousse peu et ne gagne pas en volume.

Lait mousseux

Lait qui a été chauffé et aéré à l'aide d'un bec vapeur. Le bec projette de la vapeur chaude à la surface du liquide, créant de minuscules bulles d'air qui donnent au lait la consistance d'une crème fouettée très légère. Le lait double de volume quand on le fait mousser.

Cappuccino classique

Espresso additionné de lait vapeur et garni de mousse de lait. La recette traditionnelle est : ⅓ d'espresso, ⅓ de lait vapeur et ⅓ de mousse de lait.

Café latte

Boisson italienne traditionnelle composée d'une part de café espresso pour deux ou trois parts de lait vapeur non mousseux. Dans son pays d'origine, le latte est préparé sur le feu à l'aide d'une cafetière à pression. Son cousin français, le café au lait, contient plus de lait et est servi dans un bol.

Comment faire chauffer et mousser le lait

Le lait

Tout liquide peut aisément être chauffé à la vapeur. En revanche, un liquide ne peut pas mousser s'il ne contient pas de protéines et de matières grasses. Ces composantes sont responsables de la saveur du lait et de la sensation qu'il procure en bouche, ce qui explique pourquoi les Italiens n'utilisent que du lait entier. Cela dit, n'hésitez pas à utiliser le type de lait que vous préférez.

- Le lait écrémé mousse plus rapidement, mais sa mousse est moins onctueuse et savoureuse que celle d'un lait contenant davantage de matières grasses.

- Le lait 2 % contient suffisamment de matières grasses pour rehausser la saveur d'un café spécialisé. C'est ce type de lait que favorisent les hôtels et les restaurants.

- Pour qu'un lait mousse bien, il doit être très froid, presque glacé.

Les instruments

Il existe plusieurs méthodes simples et économiques permettant de faire mousser le lait. Certains utilisent une cafetière à piston (voir p. 62) alors que d'autres font mousser le lait à l'aide d'un fouet à main, dans une casserole mise sur le feu (voir p. 95). Ceux qui préféreront faire chauffer ou mousser le lait selon la méthode traditionnelle auront besoin des instruments suivants :

- Un récipient de 500 ml (2 tasses) en acier inoxydable.

- Un thermomètre de cuisson traditionnel ou numérique pouvant monter jusqu'à 104 °C (220 °F).

- Une marmite (pour faire chauffer) et un mousseur électrique.

La préparation

Avant de commencer, nettoyez et rincez soigneusement tous vos instruments afin d'éviter la prolifération des bactéries (ce qui est toujours un risque quand on fait chauffer du lait). Si vous comptez utiliser le bec vapeur de votre machine à espresso, faites-le tremper au préalable dans une eau chaude très salée, et non dans de l'eau vinaigrée ; vous éliminerez ainsi les dépôts calcaires et éviterez les ennuis mécaniques causés par l'encrassement du bec vapeur.

- Lisez attentivement le manuel d'utilisation de votre machine à espresso avant de vous en servir pour la première fois.

- Assurez-vous que le lait et le récipient en acier inoxydable sont tous deux très froids.

- Faites mousser ou chauffer le lait avant d'infuser votre espresso. Le lait reste chaud plus longtemps que le café.

- Si vous utilisez une machine à espresso pour faire mousser ou chauffer le lait, ouvrez d'abord la valve du bec vapeur pour évacuer la vieille eau et les résidus de lait.

Les méthodes alternatives

- Dans la section « Préparer un cappuccino ou un latte sans machine » (p. 94), le chef cuisinier Beat Hegnauer vous montre comment faire mousser du lait à l'aide d'un fouet à main.

- Pour faire mousser le lait dans une cafetière à piston, référez-vous à la méthode de la p. 62.

Comment faire mousser le lait au bec vapeur

Cette technique permet de produire deux cappuccinos avec environ 180 ml (6 ½ oz) de lait.

- Verser le lait dans le récipient en acier inoxydable. Ne pas remplir plus du tiers du contenant.

- Insérer le thermomètre de cuisson dans le contenant.

- Agripper solidement le récipient par la poignée et le placer sous le jet du bec vapeur.

- Plonger le bout du bec vapeur juste sous la surface du lait.

- Ouvrir la valve complètement.

- Chauffer le lait jusqu'à ce qu'il double de volume.

- Fermer la valve quand la température atteint 60 °C (140 °F) dans le cas du lait vapeur, et juste en deçà de ce seuil dans le cas du lait mousseux. La température continuera de monter ensuite, mais elle ne devrait pas dépasser 71 °C (160 °F).

- Essuyer soigneusement le bec vapeur avec un linge humide. Ouvrir à nouveau la valve pour évacuer les résidus de lait.

Quelques conseils

- Si le lait devient trop agité ou que de grosses bulles se forment à sa surface, refermez légèrement la valve et plongez le bec vapeur plus profondément dans le liquide.

- Pour obtenir une mousse onctueuse et veloutée, vous devez produire de petites bulles homogènes.

- Laissez-vous guider par le son. Si le son que vous entendez ressemble à celui que vous faites quand vous soufflez à la surface d'un liquide à l'aide d'une paille, c'est que vous vous y prenez mal. Vous devez plutôt entendre un grondement profond qui gagnera progressivement en intensité.

- Ne repassez jamais au bec vapeur un lait que vous avez déjà fait mousser, car il contient déjà une forte quantité d'eau de condensation.

Comment faire chauffer le lait au bec vapeur
Cette technique permet de faire chauffer le lait à la vapeur, mais sans le faire mousser.

- Remplir de lait les deux-tiers du contenant en acier inoxydable.

- Insérer le thermomètre de cuisson dans le récipient.

- Agripper solidement le récipient par la poignée et le placer sous le jet du bec vapeur.

- Plonger le bec vapeur au fond du contenant, ouvrir la valve et faire chauffer le lait en prenant soin de ne pas le faire bouillir.

- Fermer la valve lorsque le thermomètre affiche entre 65 et 77 °C (150-170 °F). (Si vous ne pouvez toucher le contenant plus d'une seconde sans vous brûler, c'est que vous avez trop fait chauffer le lait ; il goûtera alors mauvais.)

- Évacuer l'air que contient le lait en frappant délicatement le récipient sur le comptoir. Un lait vapeur réussi aura la consistance crémeuse et épaisse de la crème fouettée.

Et surtout, ne repassez jamais deux fois le même lait au bec vapeur !

Les cafés spécialisés de base

Le cappuccino classique

(Approximativement ⅓ d'espresso, ⅓ de lait vapeur et ⅓ de mousse)

- Préparer l'espresso directement dans la tasse.

- Verser un maximum de 125 ml (½ tasse) de lait chaud dans la tasse en retenant la mousse avec une grande cuillère.

- À l'aide d'une cuillère, déposer une bonne quantité de mousse sur le mélange de lait et d'espresso.

Le mokaccino

- Pour un mokaccino riche et onctueux, ajoutez entre 60 et 90 ml (2 et 3 oz) de sirop de chocolat au lait froid avant de le faire mousser. Lorsque passé au bec vapeur, le lait additionné de sirop adopte une belle texture crémeuse.

- Versez le chocolat chaud sur l'espresso, puis couronnez le tout de crème fouettée. Garnissez de copeaux de chocolat, de cannelle et/ou d'une cerise au marasquin. Notez que vous pouvez remplacer le lait et le sirop de chocolat par du lait au chocolat déjà préparé.

Le latte (ou café au lait)

(La préparation à l'italienne compte une part d'espresso pour quatre parts de lait vapeur non mousseux.)

En Italie, le latte prend la forme d'un cappuccino géant. La version française, dite « café au lait », contient plus de lait et est servie dans un bol. Quel que soit son nom, vous pouvez changer les proportions au goût en ajoutant de quatre à six parts de lait vapeur à l'espresso de base.

- Préparer l'espresso directement dans la tasse.
- Ajouter la quantité désirée de lait vapeur.
- Garnir de sucre et accompagner d'un biscotti.

L'espresso macchiato

- Préparer une tasse d'espresso.
- Coiffer l'espresso avec 1 ou 2 c. à soupe de lait vapeur.

Comment faire chauffer ou mousser le lait sans machine

Nul besoin d'acheter une machine à espresso dispendieuse pour produire la mousse de lait nécessaire à la préparation des cappuccinos. Le lait peut aisément être chauffé sur le feu dans une casserole et aéré à l'aide d'un simple fouet à main. La méthode suivante vous permettra de transformer le lait ordinaire en une crème riche et onctueuse. Vous serez bientôt en mesure d'impressionner vos invités en préparant de délicieux cappuccinos avec la maestria d'un authentique barista !

Voici les ingrédients et ustensiles dont vous avez besoin :

- Du lait froid 2 % ou homogénéisé. Mesurez rapidement la quantité nécessaire en remplissant à moitié l'une des tasses de service, puis en multipliant cette portion par le nombre d'invités.

- Une casserole (petite ou moyenne).

- Un fouet à main.

La préparation

- Verser le lait dans la casserole. (Ne pas remplir la casserole plus qu'à moitié pour éviter qu'elle ne déborde quand le lait se mettra à mousser.)

- Faire chauffer à feu moyen ou moyen-élevé.

- Remuer doucement le lait avec le fouet. (De grosses bulles devraient commencer à apparaître à la surface.)

- Battre le lait de plus en plus vite au fur et à mesure que sa température augmente.

- Ne pas faire bouillir le lait. (Un lait bouilli mousse peu et goûte mauvais. Si le lait semble sur le point de bouillir, retirez-le immédiatement du feu tout en continuant de fouetter.)

- Retirer la casserole du feu.

- Continuer de fouetter jusqu'à l'obtention d'une mousse épaisse faite de petites bulles serrées.

- Laisser reposer 30 sec, le temps de verser le café espresso fraîchement préparé dans les tasses de service. Pendant ce temps, le lait vapeur se déposera au fond de la casserole et les bulles monteront à la surface. Le cappuccino final sera composé d'un tiers de café, d'un tiers de lait vapeur et d'un tiers de mousse.

Préparer un cappuccino ou un latte sans machine
Les conseils d'un chef cuisinier

Beat Hegnauer est le chef cuisinier attitré du Banff Centre, en Alberta, depuis huit ans déjà. En juin 2000, il fut invité dans un grand centre de torréfaction de Portland, Oregon, à titre de goûteur honoraire. Dès son plus jeune âge, ce natif de la Suisse a découvert qu'il préférait boire du café plutôt que du lait. Cette passion pour le café s'est développée au fil des années, si bien qu'il est aujourd'hui reconnu comme un dégustateur de premier plan.

Ces dernières années, j'ai souvent rencontré le chef Hegnauer dans des démonstrations et des foires alimentaires. Or, il a toujours soutenu que, contrairement à moi, il n'avait pas besoin d'une machine à espresso coûteuse et sophistiquée pour faire de bons cappuccinos et lattes. J'ai donc décidé de le mettre au défi en lui demandant d'exposer sa méthode entièrement manuelle à l'intention de mes lecteurs et lectrices.

« Quand on prépare un espresso, un cappuccino ou un latte, dit-il, la règle de base est la même que quand on cuisine un plat : la qualité du produit final dépend entièrement de la qualité des ingrédients utilisés. Le résultat final sera d'autant meilleur que les grains que vous employez sont frais et de qualité. »

Le chef Hegnauer prépare toujours l'espresso sur le feu dans une cafetière à pression. C'est cette méthode qui, selon lui, produit les meilleurs résultats. Il recommande par ailleurs à l'amateur d'éviter les mélanges à espresso qui ont fait l'objet d'une torréfaction trop foncée, car ils donnent un café amer. Pour ce qui est de faire mousser le lait, Beat favorise la méthode traditionnelle : il fait chauffer son lait sur le feu dans une casserole et le bat avec un fouet à main.

Qu'il travaille en cuisine ou à l'extérieur, autour d'un bon feu de camp, le chef Hegnauer favorise cette méthode de base qui, à ses dires, produit infailliblement d'excellents résultats. « Cette méthode de préparation est si simple que tout le monde peut l'utiliser », affirme-t-il.

En guise de conclusion, le chef Hegnauer propose cette pointe de sagesse au néophyte : « Ne vous laissez pas intimider par une recette, même si elle semble compliquée. Voyez-la comme un guide, comme un élément sur lequel échafauder vos connaissances de base. Qu'il s'agisse d'un plat cuisiné ou d'un cocktail au café, n'hésitez pas à modifier une recette donnée ou à vous en inspirer pour créer une recette de votre propre cru. »

Comment faire mousser le lait à la façon du chef Hegnauer

- 1 casserole moyenne
- 1 fouet à main
- 200 ml (7 oz) de lait froid homogénéisé

- Verser le lait dans la casserole. Faire chauffer progressivement à feu moyen.
- Fouetter le lait constamment et vigoureusement pendant qu'il chauffe.
- Continuer de battre le lait jusqu'à ce qu'il double de volume et produise une mousse onctueuse. (Pour faire mousser plus rapidement, utiliser un batteur à main électrique.)

Ne faites pas bouillir le lait. Si le lait arrive à ébullition, la mousse sera gâchée ; vous devrez alors tout jeter et recommencer.

95

Les conseils du chef

- Le chef Hegnauer vous recommande de préparer l'espresso dans une cafetière italienne (voir p. 72-74). Il favorise cette méthode de préparation pour sa fiabilité et sa simplicité.
- Commencez toujours avec un lait très froid et un café très chaud.
- Quand vous faites un cappuccino, versez le lait vapeur directement dans la tasse qui contient l'espresso. Ajoutez ensuite la mousse de lait à l'aide d'une cuillère.

L'historique
du café

Le karma du café

Quand, dans la citation mentionnée précédemment, Robert Lynd dit que « c'est dans la tasse de café que fomentent les plus violents ouragans », il fait référence à l'extraordinaire influence qu'exerce l'industrie du café sur l'économie mondiale. La traite du café remonte aux temps anciens. Ayant investi la planète, pays après pays, l'humble grain de café s'est imposé d'emblée comme une denrée recherchée, capable d'influer sur le mode de vie de peuples entiers. Depuis son apparition en 575 ap. J.-C., le café a suscité l'intérêt et l'envie autant des pirates, des contrebandiers et des guerriers que des pèlerins et des poètes. Source d'un nombre incalculable de bouleversements commerciaux et politiques, le café a affecté depuis ses origines la destinée de plusieurs cultures et pays. Or, c'est encore le cas aujourd'hui.

À travers les âges et jusqu'à notre époque, le commerce du café n'a jamais manqué de causer des remous sur les marchés mondiaux.

Au-delà de son ascendant sur les puissants gouvernements et cartels commerciaux de la planète, le café a influencé – et a été influencé en retour – par les mouvements culturels, sociaux et religieux qui se sont succédés au fil des époques. Aussi vigoureuse aujourd'hui qu'elle l'était autrefois, l'énergie « karmique » du café continue à ce jour d'influer sur les grands courants de l'humanité.

À travers les siècles, le café n'a jamais cessé de se réinventer lui-même pour prendre sa place, d'époque en époque, dans la grande aventure humaine. Il y a longtemps, en effet, que cette simple et savoureuse boisson accompagne l'homme dans les couloirs tortueux de l'Histoire. De tout temps, son évolution a emboîté le pas à la nôtre.

Les origines du café : folklore et légendes

575 ap. J.-C. Le café puise ses origines en Éthiopie – pays où, encore aujourd'hui, il pousse à l'état sauvage. Anciennement, les tribus éthiopiennes mangeaient des grains de café pour se donner de l'énergie. Une fois extraits des cerises rouges du caféier, les grains étaient concassés, puis combinés à de la graisse animale. Cette concoction constitue sans doute l'un des premiers aliments énergétiques de l'histoire de l'humanité.

Le café est exporté pour la première fois hors d'Éthiopie. Des marchands arabes le transportent jusqu'au Yémen, pays situé à l'extrême sud de la péninsule arabe. Des esclaves éthiopiens sont également du voyage.

Les Perses font la contrebande du café. Traversant la mer Rouge, ils l'amènent eux aussi de l'Éthiopie au Yémen.

La légende veut que le café ait été découvert par un jeune berger éthiopien du nom de Khaldi. Celui-ci avait remarqué le comportement singulier d'une chèvre qui venait de manger les fruits rouges du caféier. Imitant l'animal, Khaldi eut tôt fait de découvrir les propriétés

99

énergisantes de ces baies. Ayant observé les soudaines bouffées d'énergie du berger, l'abbé d'un monastère avoisinant décida de faire fermenter les baies du caféier pour en faire un vin qui aiderait ses moines à rester éveillés durant les longues périodes de prière.

Les autres monastères du royaume eurent bientôt vent de cette sensationnelle découverte. Baptisée « café », la boisson miraculeuse fut bientôt adoptée par diverses sectes musulmanes qui voyaient en elle un instrument de dévotion et d'illumination spirituelle.

875   Auteur des premiers écrits sur le café, le philosophe arabe Rhazes confirme que l'Éthiopie est le pays d'origine du coffea arabica.

1000   Le médecin et philosophe arabe Avicenne de Boukhara est le premier à décrire les propriétés médicinales du café. « Le café, écrit-il, fortifie les membres, assainit et assèche l'épiderme, et donne au corps entier une odeur agréable. »

1200   Soucieux de préserver leur découverte, les Arabes décrètent un embargo sur les grains de café verts. Par cet interdit d'exporter, les autorités arabes cherchent à contrôler le commerce du café.

1258   Le cheik Hadji Omar, médecin religieux de la ville de Moka, au Yémen, utilise une infusion de baies de café pour traiter et stimuler ses patients. Selon la légende, le traitement aurait connu un franc succès.

1400   L'amiral chinois Cheng Ho exporte le concept de breuvage infusé chaud au Moyen-Orient.

1500   Les ports de Moka et de Jidda deviennent les pierres angulaires du commerce du café.

> **Le café est le lait des penseurs et des joueurs d'échecs.**
> **Proverbe arabe (1500)**

La popularité du café ne cesse de croître. Ceux qui le goûtent pour la première fois ne peuvent plus s'en passer. Pour bien des peuples, le café devient aussi important que l'eau et le pain.

Durant cette période, la Turquie instaure une loi qui permet à une épouse de divorcer si son mari refuse le kahve (mot turc à l'origine du mot café) qu'elle a préparé à son intention.

1554 La popularité du café est telle que les gens se rassemblent maintenant dans des endroits spécifiques pour le déguster. Baptisés « écoles de la sagesse », ces établissements accueillent les intellectuels et gens éduqués de l'époque qui s'y rassemblent pour boire du café en discutant de sujets culturels telle la poésie et la politique. Le premier café ouvre ses portes à Constantinople (Istanbul), en Turquie.

Dans les villes de La Mecque et du Caire, le café devient la cible de l'intolérance religieuse. Des dévots musulmans s'offusquent du fait que les cafés attirent davantage de gens que les mosquées.

1570 Introduits en Italie par un médecin revenant d'Égypte, le café et le tabac font leur apparition à Venise. Cette ville devient bientôt la capitale du commerce du café en Occident.

1575 Des fanatiques religieux prétendent que le café est l'invention de Satan lui-même. Les autorités religieuses de Constantinople ordonnent aux cafés de fermer leurs portes.

1587 Le cheik Ansari Djerzeri Hanball Abd-al-Kadir compose l'un des premiers poèmes où le café est mentionné. Faisant référence à ces « écoles de la sagesse » que sont les premières maisons de café, il écrit : « Là où l'on sert le café, on trouve grâce et splendeur, amitié et bonheur. »

1590 Le monde arabe continue de monopoliser le commerce et la culture du café. La visite des plantations est interdite aux étrangers et tous les grains qui sont exportés doivent d'abord être chauffés ou bouillis, ceci afin d'empêcher leur germination.

101

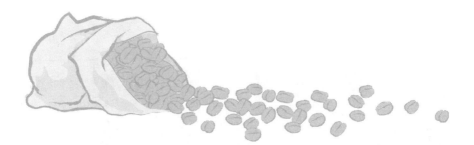

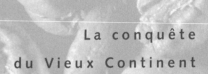

La conquête
du Vieux Continent

Sanctifié puis damné par les autorités religieuses, glorifié par des rois puis proscrit par des sultans, le café demeure un sujet brûlant dans les sphères de la religion, de la politique, de l'art, de la culture et de la gastronomie. Marchands, nomades et espions continuent de faire la contrebande des précieuses cerises rouges pour satisfaire à la demande du marché.

Eu égard au nombre sans cesse grandissant de groupes d'intérêts ayant accès au produit, la propagation du café dans le monde entier semble désormais une évidence. Durant cette période, le café est au cœur de bon nombre de luttes de pouvoir, tant économiques que politiques.

La conquête du café se poursuit :

1600　À la suite d'un pèlerinage à La Mecque, un pèlerin musulman du nom de Baba Budan introduit clandestinement en Inde les premiers grains de café cultivables.

1616　Des espions hollandais particulièrement entreprenants introduisent aux Pays-Bas des plants de caféier subtilisés dans la ville de Moka, au Yémen. Dans les décennies qui suivent, le café ne cessera de gagner en popularité en Hollande.

Le grand empire du café s'étend maintenant de la Perse à l'Arabie, et vers l'ouest jusqu'à Vienne.

1623　Le gouverneur d'Istanbul décrète la fermeture des cafés parce qu'on y tient des discours dissidents. Les Turcs continuent néanmoins de déguster leur boisson favorite en secret. Ceux qui sont pris en flagrant délit font face à une punition sévère : à la première offense, ils sont battus à coups de bâton ; à la seconde, ils sont enfermés dans un sac de cuir et jetés à la mer.

1645　Le premier café d'Italie ouvre ses portes à Venise. Comme ce fut le cas au Moyen-Orient en 1575, la popularité de la boisson est momentanément jugulée par l'intolérance religieuse et les préjugés de la population.

Bien que l'Église catholique ait jusque-là considéré le café comme l'œuvre du diable, le pape Clément VIII tombe sous le charme de cette boisson enivrante à la lumière d'une première dégustation.

> **Un voyageur anglais de l'époque décrit ainsi le rituel du café dans une « maison de café » perse : « Ils sont tous assis là à siroter un étrange liquide, lequel est aussi noir, dense et amer que les eaux du lac Stygien. »**
> **Sir Thomas Herbert (1620)**

1665　Un serrurier de Londres invente le premier moulin à café.

1669　Sous l'influence d'un ambassadeur turc, la bourgeoisie parisienne fait du café sa boisson de prédilection. La mode du café, et de toutes choses turques, est désormais lancée dans Paris.

103

1670 À New York, dans le quartier de New Amsterdam, on émet la première licence autorisant la vente du café en Amérique.

Les Néerlandais poursuivent la culture du café à Sumatra, Bali, Timor, Célèbes et en Guyane hollandaise.

> « Cette boisson de Satan est si délicieuse que ce serait dommage d'en laisser aux infidèles l'exclusivité. Nous ridiculiserons Satan en la baptisant et en en faisant une vraie boisson chrétienne. »
> Le pape Clément VIII (1645)

Les Français cultivent le café dans leurs colonies des Caraïbes et d'Amérique du Sud. Ils établiront par la suite des plantations dans leurs colonies africaines.

Les Portugais produisent du café en Indonésie et au Brésil.

Sous la poussée des puissances colonialistes européennes, des pratiques dévastatrices telle la traite d'esclaves et l'exploitation forestière massive (coupe à blanc) gagnent sans cesse de nouveaux territoires. Le commerce du café est une entreprise des plus lucratives et le colonialisme dicte où il sera cultivé.

1674 En Angleterre, les femmes ne sont pas autorisées à fréquenter les cafés. Outrées par cet état de choses et prétendant que leurs époux les laissent trop souvent seules quand ils vont au café, des citoyennes, en guise de protestation, publient une « Pétition des femmes contre le café ». Les hommes se portent aussitôt à la défense du café dans un pamphlet virulent intitulé : « Réponse des hommes à la pétition des femmes contre le café. »

104

La pétition des femmes contre le café... et la réponse des hommes

1675 En réaction à cette guerre publique entre les sexes, le roi Charles II ordonne la fermeture de tous les cafés de Londres. Scandalisés, les marchands de café crient haut et fort que le roi bénéficie lui aussi des revenus considérables générés par le commerce du café.

La décision du roi est éventuellement révoquée ; en revanche, les taxes associées au commerce du café sont augmentées et les propriétaires de cafés n'ont légalement plus droit à la liberté de parole.

1679 Préoccupés par le taux de consommation de leurs concitoyens, des docteurs marseillais tentent de discréditer le café en prétendant qu'il est mauvais pour la santé.

1680 Le premier café d'Allemagne ouvre ses portes à Hambourg. Le café remplace peu à peu la bière tiède et la soupe de farine du déjeuner allemand traditionnel.

1683 Défait dans une bataille en bordure de Vienne, en Autriche, un bataillon turc abandonne ses chameaux, son bétail et ses provisions, dont des rations de café. Reconnaissant ces précieux grains pour les avoir aperçus auparavant lors d'un voyage au Proche-Orient, un Polonais s'empare du stock et fonde le premier café de Vienne.

1685 Un médecin français vante les vertus médicinales du café additionné de lait. Baptisée « café au lait », la nouvelle concoction jouit d'un succès instantané.

1686 Le premier vrai café de Paris ouvre ses portes. Fondé par un Italien et converti depuis en restaurant, le Café de Procope deviendra le refuge des artistes, auteurs, poètes et comédiens de la ville lumière. Boisson par excellence de la nouvelle intelligentsia artistique, le café est désormais reconnu comme la « boisson des intellectuels ».

1696 Ouverture à New York du King's Arms, premier café de la ville. Les cafés ne tarderont pas à se multiplier dans la métropole américaine et deviendront emblématiques de la société new-yorkaise.

1697 Des marchands hollandais lancent la culture du café à Java.

1714 Premier jardin botanique européen doté d'une serre, le Jardin des Plantes de Paris accueille un majestueux caféier de 1,5 m (5 pi) de hauteur. Cadeau du maire d'Amsterdam à Louis XIV, ce plant a donné naissance à des milliards d'autres caféiers de par le monde – certains de ses descendants poussent présentement dans des plantations d'Amérique Centrale et d'Amérique du Sud !

1720 Un espion hollandais introduit en Martinique les premiers semis provenant du célèbre caféier du Jardin des Plantes.

1727 Le gouverneur de la Guyane française confie à un émissaire du roi du Brésil les premières graines de café destinées à pousser en sol brésilien. On estime que ce sont ces petites graines dorées qui ont donné naissance à la florissante et lucrative industrie du café au Brésil.

1730 Les Britanniques lancent la culture du café en Jamaïque. Chaque année, les Anglais « importent » 30 000 esclaves africains pour travailler dans les plantations de l'île, lesquelles connaissent un essor continu.

1731 Grand amateur de café, Jean-Sébastien Bach compose la « Cantate du café ». Cette pièce dépeint de façon ironique la paranoïa de ses contemporains face au café et à l'accoutumance qu'il provoque.

1737 La Merchant Coffee House de New York ouvre ses portes et devient un centre important pour la Chambre de commerce locale. On estime qu'il s'agit du premier établissement à enregistrer et recenser les nouveaux immigrants arrivant en Amérique.

1773 Pour protester contre la taxe sur le thé imposée dans les colonies par le roi George III, la Merchant Coffee House de Boston déclare l'embargo sur les importations britanniques. Dans le port de la ville, des citoyens prennent d'assaut les navires britanniques et jettent leurs cargaisons de thé par-dessus bord. L'événement passera à l'histoire et sera connu sous le nom de « Boston Tea Party ». Du coup, le café connaît une soudaine hausse de popularité.

> « Ah ! ce goût du café ! Plus vif encore que mille baisers.
> Plus doux qu'un vin muscat. Il me faut mon café !
> Le seul homme qui me soit agréable est celui
> qui me sert une tasse de cette divine boisson. »
> **Jean-Sébastien Bach, la Cantate du café (1732)**

1775 Dans l'Ouest américain, le café est devenu une nécessité. Les pionniers et les cow-boys ne peuvent tout simplement plus s'en passer. Des rations de café sont distribuées aux troupes durant la guerre de Sécession et la guerre du Mexique.

1777 Outré des profits énormes réalisés par les marchands de café étrangers, le roi Frédéric de Prusse interdit le café sur son territoire et publie un pamphlet vantant les louanges de la bière, boisson nationale. En tant que substitut au café, le monarque propose la chicorée, laquelle est produite localement.

1781 Pressé par ses sujets, le roi de Prusse autorise à nouveau la consommation de café, mais impose un monopole royal : le café doit désormais être acheté directement du gouvernement – un décret qui s'avère particulièrement profitable pour le monarque. Nouvellement instaurés, les permis de torréfier ne sont pas accordés aux gens du peuple.

Sous le règne du roi Frédéric, le café devient la boisson de la noblesse. On dit que le monarque préparait lui-même son café, mais avec du champagne à la place de l'eau !

1784 À Cologne, en Allemagne, on interdit le café aux gens des classes inférieures. Désormais, seul les riches et les nobles sont autorisés à s'en procurer.

1786 Les lois anti-café européennes favorisent la contrebande et provoquent toutes sortes de bouleversements économiques, politiques et sociaux.

1790 Haïti devient le plus grand exportateur de café au monde. Sous l'emprise du colonialisme français, l'île produit la moitié de la production mondiale de café. La culture est assurée par près d'un demi-million d'esclaves.

1793 Les esclaves d'Haïti se rebellent et détruisent la quasi-totalité des plantations de café de l'île. Du coup, Haïti perd son statut de premier producteur mondial.

1800 Le Brésil exporte sa première cargaison de café.

1801 Des médecins milanais publient un prospectus vantant les vertus médicinales du café. C'est la première fois qu'on présente le café comme une panacée fortifiante et reconstituante.

107

Les cafés deviennent des lieux de débat et d'action politique. D'importants journaux sont fondés dans des cafés.

Véritables « institutions de la pensée », les cafés attirent les grands auteurs, orateurs, politiciens et penseurs de l'époque, qui s'y rassemblent pour échanger leurs vues sur la liberté et la démocratie. La maison de café est désormais le foyer de la pensée révolutionnaire.

1809 Une première cargaison de café brésilien arrive en Amérique – plus précisément à Salem, au Massachusetts.

1822 En France, invention de la machine à espresso.

1825 Conquête de Ceylan (Sri Lanka) par les Britanniques. Amorcée sous le joug colonialiste hollandais, la culture du café s'y poursuit de façon agressive. Dans les forêts tropicales de l'île, on pratique la coupe à blanc pour faire place à de nouvelles plantations.

1843 Le café fait figure de phénomène dans Paris. La ville lumière compte maintenant plus de 3000 cafés.

Assurant la moitié de la production mondiale de café, le Brésil accède au premier rang des pays producteurs.

En Amérique, le moulin à café est désormais un ustensile de cuisine indispensable. On le retrouve dans presque tous les foyers.

1855 À l'exposition de Paris, on présente une version plus volumineuse du prototype de la machine à espresso. Avec son système à vapeur, cette machine propulse le café en plein cœur de l'ère industrielle. La machine à espresso à vapeur connaît d'emblée un succès retentissant.

108

> « Dieu merci ! nous pourrons nous dispenser de café dans l'au-delà ! Il n'y a pire torture que d'attendre un café qui tarde à arriver ! »
> Emmanuel Kant, philosophe allemand (1724-1804)

> « L'histoire des cafés en est une de grégarisme. En ces lieux se sont élaborés les rituels, mais aussi les valeurs morales et politiques de tout un peuple. »
> Isaac D'Israeli, *Curiosities of Literature*, publié à Londres en 1824

1869 La propagation d'un champignon parasite provoquant une maladie nommée « rouille orangée » affecte les récoltes du monde entier. Le taux de production mondial ne se rétablira que 20 ans plus tard.

Près de 176 000 acres de forêt tropicale ont été détruites jusqu'ici pour faire place à la culture du café.

1873 John Arbuckle commercialise la première marque nationale de café prémoulu et préemballé.

1876 Création du « café glacé » à Philadelphie.

1879 La rouille orangée dévaste des plantations entières en Inde, à Java, au Sumatra et en Malaisie.

À la fin du XIXᵉ siècle, libéré du joug colonialiste portugais, le Brésil est en mesure d'assurer la quasi-totalité des 294 000 tonnes qui représentent la demande mondiale en café. Par le fait même, le Brésil devient la première nation à contrôler le commerce du café depuis que les Hollandais ont arraché le monopole aux Arabes près de deux siècles auparavant.

109

La conquête du Nouveau Monde

En Europe, à l'époque de la Renaissance, le café est sacré « boisson de la démocratie ». Au début du XXe siècle, les cafés deviennent des endroits de rassemblement populaire. Hommes et femmes s'y rendent pour parler politique, échanger des idées, bref, pour y exercer leur liberté d'expression. À cette époque, on parle beaucoup des formidables opportunités qu'offre le « Nouveau Monde ».

Ce foisonnement d'idées, la promesse de nouvelles possibilités, tout cela a donné lieu à un regain de créativité. Or, c'est dans l'atmosphère survoltée de la maison de café qu'est née la machine à espresso. Ce vent de changement imprévisible allait transformer le destin du café à jamais et annoncer la venue de « l'ère de l'espresso ».

L'invention de l'espresso va chambouler la déjà fort lucrative industrie du café. Du jour au lendemain, la demande mondiale monte en flèche. Des fortunes s'effondrent, d'autres se créent. Le café a désormais la capacité de faire fluctuer les marchés et devises d'une douzaine de pays. À la fin du XXe siècle, grâce à l'espresso, le café atteint de nouveaux sommets tant en popularité qu'en revenus générés. L'espresso est l'ingrédient fondamental de tous les cafés spécialisés qui sont en vogue aujourd'hui.

L'ère de l'espresso

1882   Ouverture de la Bourse du café à New York.

1900   Aux États-Unis, le café est généralement livré à domicile sur des chariots tirés par un cheval.

1901   Déposition de la première demande de brevet de machine à espresso par la firme italienne Bezzera. Les Français avaient conçu un prototype de machine à espresso à vapeur en 1843, mais ce sont les Italiens qui l'ont perfectionnée.

La machine brevetée par Bezzera est composée d'une chaudière et de quatre filtres destinés à accueillir la mouture. Quand l'eau entre en ébullition, la pression créée par la vapeur propulse l'eau à travers les filtres pour infuser le café. Cette méthode d'extraction produit un café fort, robuste et savoureux, en portions individuelles. Ainsi naquit l'espresso.

1902   Fabrication en Italie des premières machines à espresso commerciales. L'espresso devient bientôt la boisson de choix des gens qui fréquentent les cafés.

1903   S'inspirant du design breveté par Bezzera, la firme italienne Pavoni se lance dans la fabrication de machines à espresso et distribue agressivement ses modèles à travers toute l'Europe.

111

Un importateur allemand développe la première technique de décaféination du café. Il nomme son café décaféiné « Sanka », pour « sans caféine ».

1910 Importé d'Allemagne, Dekafa, le premier café décaféiné, fait son apparition sur le marché américain.

1911 Fondation à St-Louis de la United States Coffee Roasters, précurseur de l'Association nationale de café des États-Unis.

1915 La guerre contribue à populariser le café dans le monde entier. Les chariots de café et de beignets de la Croix-Rouge suivent les troupes tout au long des deux guerres mondiales.

1927 Le café new-yorkais Reggio's met en service la première machine à espresso de la ville. Cette machine historique se trouve toujours aujourd'hui dans son établissement d'origine.

1928 Fondation de l'Association des cafés colombiens.

1930 Le café Reggio's devient le refuge de prédilection des artistes et écrivains new-yorkais.

1933 Des maîtres artisans italiens façonnent les premières machines à espresso de cuivre et d'étain. Un aigle majestueux, symbole d'une ère nouvelle, couronne ces imposants et rutilants appareils.

1935 En Europe, les accessoires et souvenirs reliés à l'espresso sont très populaires auprès des touristes américains. Cet engouement pour le café continental favorise la prolifération des cafés en Amérique du Nord.

1938 Un autre Italien, Francesco Illy, crée la première machine à espresso à air comprimé. Comparativement aux machines à vapeur, cette nouvelle invention permet un contrôle plus précis de la température d'extraction. Il conçoit également une pompe à piston permettant d'infuser la mouture à l'eau chaude plutôt qu'à l'eau bouillante, ce qui élimine le goût de brûlé qui caractérisait précédemment l'espresso.

1940 Création de l'Association nationale de café des États-Unis, un organisme dont la vocation est de représenter les importateurs et torréfacteurs américains. Une première entente est signée en vue de fixer des quotas dans l'industrie.

1946 À Rome, on utilise pour la première fois la vapeur produite par les machines à espresso pour faire chauffer du lait en vue de l'ajouter ensuite à l'espresso. La nouvelle boisson est baptisée « cappuccino » parce que sa couleur ressemble à celle des soutanes que portent les moines capucins. Les Italiens conçoivent aussitôt toutes sortes de variantes du cappuccino, l'additionnant entre autres de liqueurs telles que la sambuca et la grappa.

Dieu a créé l'eau, mais l'homme a créé le cappuccino !

L'escalade du prix du café dans les années 1940 entraîne une prolifération de nouvelles plantations de par le monde, et particulièrement au Brésil. Les Américains demeurent les plus grands consommateurs de café au monde.

1948   La firme italienne Gaggia commercialise la première machine commerciale à piston. Dotée d'un long levier activé manuellement, cette machine produit une pression neuf fois supérieure aux machines à vapeur et permet un processus d'extraction plus efficace et plus précis que jamais. La machine à piston est la seule à produire la « crema », cette onctueuse mousse dorée qui coiffe le parfait espresso.

1950   Le succès de la machine à espresso entraîne une prolifération des bars à café en Angleterre. Les immigrants italiens transmettent leur passion de l'espresso à l'Amérique. Aux États-Unis, la riche boisson continentale supplante bientôt en popularité tous les autres types de café.

Dans les bars et cafés de New York et de San Francisco, les musiciens, écrivains et peintres de la « Beat Generation » se préparent à révolutionner tous les grands courants artistiques en sirotant leur espresso.

L'Amérique des années 1950 est fascinée par la route. Le café se déguste désormais dans quantité de relais routiers.

En Allemagne et en Autriche, la pause-café de l'après-midi est un rituel incontournable qui inspire l'expression « kaffeeklatsch », ce qui signifie discuter ou potiner en prenant le café. On pourrait dire qu'une bonne partie des concepts de psychologie, de psychanalyse et de physique moderne ont été élaborés à l'heure de la pause-café.

Des révolutionnaires de tout acabit élaborent leurs nouvelles visions politiques dans les cafés de Russie, de France et d'Angleterre.

1956   La firme italienne LaCimbali introduit la première machine à espresso hydraulique. La nouvelle invention est caractérisée par une augmentation de la pression d'eau et par un contrôle précis de la quantité d'eau infusant la mouture.

Lors d'un salon commercial à Salonique, en Grèce, un exposant ajoute par erreur du café soluble à une boisson pour enfant à base de lait, de sucre et d'eau froide, préparée dans un shaker. C'est la naissance du frappé au café.

1959   Personnage fictif créé dans le cadre d'une vaste campagne publicitaire, Juan Valdez devient l'emblème des cafés de Colombie.

1960   La firme italienne Faema crée la première machine à espresso à pompe électrique.

1961   L'ère de la musique folk qui marquera les années 1960 s'amorce à New York dans les cafés de Greenwich Village. Elle produira des artistes tels que James Taylor, Woody Allen, Arlo Guthrie et Pete Seeger.

Il n'y a pas que Bach qui se soit inspiré du café pour écrire sa musique : la pièce « Percolator », dans laquelle un instrument électronique imite le bruit du café en pleine percolation, est le premier morceau de musique pop à faire usage de cette nouvelle invention qu'est le synthétiseur Moog.

1962 Instauration des premiers quotas internationaux visant l'exportation du café. Les Nations Unies ratifient l'Accord international sur le café.

1965 Rafraîchissant mélange d'espresso, de crème glacée et de crème fouettée, les cafés glacés font leur apparition dans les restaurants et cafés d'Europe.

1971 Le premier café Starbucks ouvre ses portes à Seattle.

1972 Le café fait son entrée sur les marchés boursiers et devient dès lors objet de spéculation, au même titre que le pétrole et l'acier. Les prix fluctuent du fait qu'ils ne sont plus contrôlés par les pays producteurs, mais par les cours du marché.

1973 En provenance du Guatemala, le premier café équitable est importé en Europe.

1975 À la suite d'une période de surproduction, le Brésil doit détruire plus de 10 milliards de tonnes de café, ceci afin de stabiliser les prix sur le marché international. Ironie du sort, les plantations connaîtront cette année-là une période de givre qui détruira l'essentiel des récoltes. Du coup, le prix du café grimpe de plus de 500 % pour atteindre des sommets jusque-là inégalés.

1989 Le manque de coopération des nations participantes entraîne le démantèlement de l'Accord international sur le café. Le prix du café atteint le niveau le plus bas de son histoire.

1990 Les cafés spécialisés tel le cappuccino suscitent un engouement sans précédent en Amérique. Nestlé introduit le premier cappuccino instantané en poudre sur le marché nord-américain.

1991 Starbucks vend désormais ses titres en Bourse. Popularisé à Seattle, le concept du bar à espresso prend d'assaut l'Amérique entière.

1994 En collaboration avec Pepsi, Starbucks développe et commercialise une boisson froide à base de café. Ce produit novateur annonce l'ère du cappuccino glacé en Amérique.

1995 Le café biologique gagne rapidement en popularité. Le bar à café traditionnel fait place aux cafés Internet et cybercafés.

1996 Détentrice de droits exclusifs dans de nombreux aéroports, restaurants et hôtels d'Amérique, la firme Starbucks compte maintenant près de 2000 établissements et nourrit des projets d'expansion visant l'Europe et l'Asie.

1997 Le café-remuerie surpasse en popularité les bars et tavernes traditionnels. Plus de 50 % des jeunes de la Génération X consomment des cafés spécialisés.

1998 Cent huit millions d'Américains (47 % de la population) consomment des cafés spécialisés, comparativement à 80 millions (35 % de la population) l'année précédente. Cela représente une hausse de 28 millions de consommateurs en un an !

2000 L'Arabie Saoudite instaure une loi interdisant aux femmes de pénétrer dans un café sans l'autorisation écrite d'un homme qui s'en porte garant.

2001 Au Salvador, un tremblement de terre ravage les plantations de café, paralysant du même coup la principale industrie au pays.

2002 Depuis leur introduction en 1984, les cafés Internet n'ont cessé de proliférer. On compte maintenant plusieurs milliers de cybercafés dans le monde entier.

2004 Des scientifiques de l'Institut de biologie de l'université de Campinas au Brésil prétendent avoir découvert une variété de caféier susceptible de produire du café naturellement décaféiné.

L' *avenir* du **café**

La notion de durabilité écologique ne date pas d'hier. Pourtant, ce n'est que récemment que les amateurs de cafés de spécialité ont commencé à s'intéresser à ce concept tel qu'appliqué à la caféiculture. Il y a dix ans, les Nations Unies définissaient un produit écologique comme « un produit qui répond à un besoin actuel sans mettre en péril la satisfaction de ce même besoin chez les générations futures ».

Pour répondre aux critères de durabilité écologique, un café doit avoir été cultivé et récolté dans des conditions très strictes, tant du point de vue de l'environnement que de la main-d'œuvre. Un café est dit écologique quand :

- Il a été cultivé sans herbicides ou pesticides.

- La méthode de culture permet la conservation des ressources naturelles, incluant la préservation des arbres d'ombrage.

- La main-d'œuvre qui l'a cultivé et récolté a fait l'objet d'un traitement respectueux et équitable.

Le café écologique occupe un créneau extrêmement pointu dans le marché actuel et doit répondre à des normes de qualité très strictes. Le consommateur conscientisé est, en effet, en droit d'exiger un produit qui a été cultivé et traité selon des paramètres sociaux et environnementaux justes et équitables.

On compte trois catégories de café écologique : le café biologique certifié ; le café d'ombre ; et le café équitable. La certification des cafés écologiques est effectuée par des agences indépendantes telles que la Quality Assurance International (QIA), TransFair Canada, Transfair USA et le Smithsonian Migratory Bird Center (SMBC). Ces agences ont développé des critères stricts que les producteurs, torréfacteurs et importateurs se doivent de respecter.

Les inspecteurs qui travaillent pour ces organismes contrôlent de façon indépendante les plantations et centres de torréfaction afin de s'assurer que les normes écologiques sont respectées. Si c'est le cas, le produit obtient une certification officielle et pourra être mis en marché comme tel. Il faut toutefois mentionner que cette quête d'équité sociale et de durabilité écologique a un prix. Les compagnies de café à vocation écologique doivent payer des frais annuels supplémentaires pour défrayer les coûts d'inspection et de certification ; de plus, les cafés écologiques sont plus coûteux à cultiver. Malgré cela, plus de 40 % des compagnies de café vendent aujourd'hui des produits écologiques certifiés.

Ces dernières années, l'industrie du café a déployé de vaillants efforts pour conscientiser les consommateurs à la cause du café écologique. Soucieux d'assurer la viabilité

121

environnementale et socio-économique de leur industrie, producteurs, importateurs, torréfacteurs et détaillants ont fait de la durabilité écologique leur principale préoccupation. Plusieurs conférences internationales se sont d'ailleurs penchées sur la question. L'Association des cafés de spécialité d'Amérique (SCAA) a récemment ratifié une entente avec l'Agence des États-Unis pour le développement international (USAID) dans le but d'assurer l'essor de l'écoagriculture dans les pays producteurs de café. Fort heureusement, le concept de durabilité écologique trouve aujourd'hui résonance dans le cœur des consommateurs de café spécialisé. Maintenant que les producteurs sont conscients de leurs responsabilités ainsi que des exigences et préoccupations de leur clientèle, il est certain que la culture écologique du café de spécialité continuera de se développer dans les années à venir.

Le café biologique certifié

L'agriculture biologique est de plus en plus répandue de nos jours. On retrouve en effet sur le marché une véritable prolifération de fruits, légumes, herbes et cafés certifiés biologiques. Cultivé sans herbicides, pesticides, fertilisants ou autre produits chimiques, le café bio est une alternative saine au café régulier. L'absence d'additif chimique augmente par ailleurs le rendement et les capacités régénératrices des sols.

- Pour qu'un café soit certifié biologique, il doit provenir d'une ferme certifiée, être acheté par un importateur certifié et torréfié par un torréfacteur certifié, ceci afin de préserver l'intégrité des grains.

- De l'exploitant agricole à votre tasse, le café bio fait l'objet d'un contrôle serré et continu.

- Un exploitant de ferme biologique maintient son niveau de productivité et l'immunité de ses plantations à la maladie en assurant la préservation des sols ainsi que la santé des plants.

- Il n'y a actuellement aux États-Unis que quatre torréfacteurs qui détiennent la certification biologique. Ces torréfacteurs doivent se conformer à des règles strictes – ils sont, par exemple, tenus d'utiliser des biocombustibles qui ne contribuent pas au réchauffement de la planète (sciure de bois, etc.) et de recycler adéquatement la chaleur produite durant la torréfaction.

- Les compagnies de café biologique ne peuvent acheter et vendre que du café cultivé sans produits agrochimiques.

- La certification biologique ne peut être accordée que par un organisme accrédité tel Quality Assurance International, l'Association pour l'amélioration des cultures biologiques (OCAIA), le Conseil des appellations agroalimentaires du Québec (CAAQ) ou l'Association Demeter.

- Selon l'Association du café de spécialité, le café bio est la catégorie de café écologique la plus vendue, avec des ventes de l'ordre de 75 à 125 millions de dollars.

- Les cafés bios sont plus chers que les cafés réguliers à cause des coûts de production plus élevés et des frais supplémentaires versés aux organismes de certification.

- Le Mexique n'est que le quatrième plus important producteur de café au monde, par contre il se situe au premier rang des pays fournisseurs de café certifié biologique.

Le café d'ombre

Cette catégorie de café écologique est le résultat de l'agroforesterie, une méthode d'exploitation qui consiste à combiner arbres et diverses cultures sur un même terrain. Le café d'ombre pousse donc conjointement à d'autres cultures, sous le couvert d'arbres plus grands tel le bananier. Les systèmes agroforestiers sont autant de sanctuaires naturels où les oiseaux migrateurs peuvent atterrir, manger et se reposer avant de poursuivre leur périple ; ce type de système contribue par ailleurs à la préservation de la forêt tropicale au sein des pays producteurs.

> **À quelques exceptions près, le café est cultivé dans les régions les plus pauvres de la planète, mais consommé dans les pays les plus riches.**
> **G. Dicum & N. Luttinger, The Coffee Box (1999)**

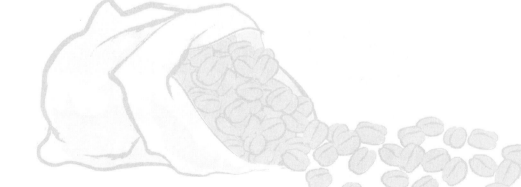

- Une plantation de café agroforestière peut abriter jusqu'à 66 variétés d'arbres et d'arbustes, et quelque 73 espèces animales.

- Certaines variétés de café aident à la préservation de la faune et de la flore environnante et favorisent la polyculture.

- Les rapports de l'industrie de la torréfaction et du Smithsonian Migratory Bird Center (SMBC) estiment que les ventes de café d'ombre se chiffrent entre 3 et 5 millions de dollars.

- Le SMBC a établi à l'intention des producteurs de café écologique un ensemble de critères visant la culture du café d'ombre. Le SMBC est impliqué dans l'industrie du café depuis que ses chercheurs ont constaté chez les oiseaux migrateurs une baisse de population marquée, imputable à la prolifération des plantations de café en plein soleil.

- C'est en 1996, à l'occasion du premier congrès sur le café écologique, que le SMBC a proposé le modèle de la plantation de café en tant qu'agent de biodiversité. (La notion de biodiversité renvoie à l'utilisation rationnelle des produits agrochimiques en caféiculture et à la préservation des arbres à l'intérieur et en périphérie du système agroforestier.)

Le café équitable

Cette catégorie de café écologique s'insère dans le mouvement du commerce équitable, lequel vise à rémunérer correctement les producteurs pour les produits qu'ils fournissent à l'industrie. Pour en arriver à un échange intègre et juste, il faut d'abord et avant tout établir un lien plus direct entre producteurs et consommateurs.

Apparu dans les années 1970, le café équitable est l'initiative de gens soucieux de l'impact social et économique négatif du commerce du café sur les pays producteurs. Connu des consommateurs européens depuis les années 1990, le mouvement du commerce équitable continue de prendre de l'ampleur en Amérique du Nord. Les conditions de travail dans les plantations sont la principale préoccupation des partisans du commerce équitable : les travailleurs qui récoltent le café doivent chaque jour porter de lourds paniers remplis de cerises rouges, sous une chaleur torride ; les journées sont longues et le salaire, insuffisant. Quant aux agriculteurs, ils ne reçoivent pour leur café que 10 % du prix de détail ; certains sont payés moins de 5 $ par jour pour veiller sur leur récolte.

Ayant identifié ces problèmes, la Fédération du commerce équitable a établi les critères suivants :

- Les producteurs et travailleurs doivent recevoir un salaire honnête leur permettant de vivre dignement.
- Les conditions de travail doivent respecter les normes internationales en la matière.
- Le consommateur doit être éduqué et conscientisé.
- La durabilité écologique de la région productrice doit être assurée.
- Une aide financière et/ou technique doit être fournie aux travailleurs et agriculteurs en période de faible rendement.
- Par « salaire honnête », on entend que le travailleur doit pouvoir subvenir à tous ses besoins essentiels – nourriture, hébergement, éducation, soins de santé – ainsi qu'à ceux de sa famille.
- Dans bien des cas, les organisations de commerce équitable des pays consommateurs paient directement les producteurs, ceci afin de s'assurer qu'ils reçoivent un juste prix pour leur produit. Cette pratique permet d'éliminer ces intermédiaires peu scrupuleux que l'on surnomme « banditos » ou « coyotes » en Amérique Centrale. La stratégie des coyotes est de prêter de l'argent aux agriculteurs pour les exploiter ensuite de façon éhontée ; dans les régions éloignées, le petit producteur n'a bien souvent personne d'autre vers qui se tourner durant ces périodes de disette et d'indigence qui précèdent la récolte.

- Plus de 500 000 agriculteurs issus de 17 pays produisent et vendent actuellement 15 millions de kg (32 millions de lb) de café par année sur le réseau du commerce équitable.

- Le réseau du commerce équitable garantit aux producteurs un prix minimum de 3,10 $ le kg ($1,41 la lb) pour leur café bio, et ce, indépendamment de son prix sur le marché mondial. Ce sont des organismes de certification tels TransFair, Fair Trade et Max Havelaar qui appliquent la réglementation et gèrent les activités reliées au commerce équitable.

- Contrairement à ce que l'on pourrait penser, le café équitable n'est pas nécessairement plus cher que le café régulier. Parce que les organisations participantes travaillent directement avec les producteurs sans passer par un intermédiaire, les producteurs reçoivent un pourcentage plus élevé du prix de détail.

La **caféine**

Le pouvoir
de la caféine

Le café fait désormais partie de notre mode de vie. Aujourd'hui, chacun a besoin de sa dose quotidienne de caféine. Or, en plus d'être un stimulant, la caféine peut avoir un impact positif ou négatif sur notre santé et notre comportement. Considérant que le café est la deuxième boisson la plus bue au monde après l'eau, il est clair que les effets négatifs sont minimes.

Tant qu'il est consommé avec modération, le café n'est pas nuisible pour la santé et il ne changera pas votre façon d'être.

L'amateur qui consomme deux tasses de café, espresso ou cappuccino par jour éprouvera des effets physiologiques légers à court terme. La caféine peut stimuler le cerveau, rendre moins irritable, améliorer l'humeur et éliminer la fatigue. Après avoir bu un bon café, on se sent plus éveillé et plus alerte. Cette substance stimulante a également la capacité d'accélérer notre métabolisme, d'accroître notre pouvoir de concentration et de stimuler les fonctions gastriques, urinaires et respiratoires. D'un autre côté, les accros du café qui consomment plus de 700 mg de caféine par jour, soit huit ou neuf tasses, peuvent éventuellement développer des effets négatifs – insomnie chronique, anxiété, étourdissements, dépression, etc.

> **Si le café est un poison, c'est un poison bien lent. J'en bois des dizaines de tasses par jour depuis 65 ans et je ne suis pas encore mort !**
> **Voltaire (1694-1778)**

Par-delà cette limite, la consommation de café devient carrément toxique ! Une personne qui boit 10 tasses de café de suite peut voir son rythme cardiaque s'accélérer de façon alarmante et peut avoir des accès de fièvre, des frissons, des convulsions, voire délirer. La dose létale de caféine est de 10 g, ce qui équivaut à 100 tasses de café.

À ce jour, aucune affection ou maladie menaçante pour l'existence n'a été liée à la consommation de caféine. Dans les pages suivantes, nous explorerons les incidences que peut avoir la caféine sur la santé. De toute manière, comme le disait si bien le célèbre médecin suisse Paracelse : « Toute substance est à la fois venin et médicament ; tout dépend de la dose. » Dans la consommation de café comme en toute chose, le mot d'ordre est donc « modération ».

131

Information concernant la caféine

- La caféine est la drogue la plus populaire au monde.

- À l'état pur, la caféine est un alcaloïde sans odeur et au goût amer.

- La caféine est présente dans une soixantaine de plantes, notamment dans les noix de kola, qui sont utilisées dans la fabrication des boissons gazeuses ; dans les fèves de cacao et, par conséquent, dans les produits au cacao et au chocolat ; ainsi que dans des centaines de variétés de feuilles de thé.

- La teneur en caféine des grains de café varie d'une variété de plant à l'autre. Les grains provenant des caféiers arabicas d'Amérique Centrale et d'Amérique du Sud contiennent environ 1,1 % de caféine ; les caféiers robustas d'Indonésie et d'Afrique produisent des grains renfermant environ 2,2 % de caféine.

- Le corps humain métabolise la caféine. Celle-ci apparaît dans les tissus cellulaires 5 min après avoir été ingérée et atteint son plus haut niveau 30 à 60 min après l'ingestion. Le corps met 3 à 6 h à éliminer la moitié de la caféine qu'il a ingérée.

- Le corps humain peut absorber et métaboliser entre 150 et 200 mg de caféine (environ 2 tasses de café) par heure.

- Parce que son processus d'extraction est plus rapide et que la quantité de mouture utilisée est moindre, l'espresso contient généralement moins de caféine que le café filtre. Contrairement à la croyance populaire, l'intensité de saveur d'un café n'est pas proportionnelle à sa teneur en caféine. Cela dit, la concentration en caféine risque d'être plus forte quand on utilise une mouture fine du fait que la surface de contact entre l'eau et la mouture est plus importante.

- Entre 80 et 85 % de la caféine que recèle la mouture est extraite durant l'infusion d'un espresso.

- Un espresso régulier contient moins de caféine que tout autre type de breuvage à base de café. Il y a, par ailleurs, deux fois moins de caféine dans une tasse d'arabica que dans une tasse de robusta de même format. Bref, ce sont les meilleurs cafés qui contiennent le moins de caféine !

- Les grains de café noirs renferment moins de caféine que les grains bruns ou ambrés parce qu'ils ont été torréfiés à plus haute température, ce qui entraîne une évaporation de la caféine.

- Près de 80 % de la population américaine adulte boit quotidiennement 500 ml (2 tasses) de café, ce qui équivaut à 200 mg de caféine par jour.

- La consommation mondiale annuelle en caféine est de l'ordre de 120 000 tonnes, soit 70 mg par jour par consommateur ; 54 % de ce chiffre provient de la consommation de café et 43 % de la consommation de thé.

- Au Canada, la consommation en caféine est d'environ 2 200 tonnes par année, soit 244 mg (2 ½ tasses) par jour par personne ; 55 % est imputable à la consommation de café, 32 % à la consommation de thé, et 13 % à la consommation de boissons gazeuses, de produits au cacao et au chocolat, et de produits pharmaceutiques.

- Les propriétés médicinales de la caféine ont été découvertes au début du XIXᵉ siècle. Encore aujourd'hui, la caféine est utilisée comme analgésique en pharmacie.

Tableau comparatif de teneur en caféine

SUBSTANCE	TENEUR EN CAFÉINE (EN MG)
1 espresso de 60 ml (2 oz)	45 à 100 mg
1 tasse de café filtre de 170 ml (6 oz)	60 à 120 mg
1 tasse de café instantané de 170 ml (6 oz)	70 mg
1 tasse de café décaféiné de 170 ml (6 oz)	1 à 5 mg
1 tasse de thé de 170 ml (6 oz), infusée 3 min	40 mg
1 boisson gazeuse caféinée de 340 ml (12 oz)	38 à 45 mg
1 verre de lait au chocolat de 170 ml (6 oz)	4 mg
1 carré de chocolat noir de 30 g (1 oz)	20 mg
1 carré de chocolat au lait de 30 g (1 oz)	6 mg
1 comprimé pour le rhume (si caféiné)	25 à 50 mg
Anacin (2 comprimés)	64 mg
1 comprimé pour régime minceur	75 à 200 mg
1 cannette de 7-Up de 340 ml (12 oz)	0 mg

Pour l'amour du «déca»
(Tout sur le café décaféiné)

De plus en plus de gens boivent maintenant du café décaféiné. Le « déca » est la
boisson de prédilection des amateurs de
café qui ont l'estomac délicat ou qui sont
trop sensibles à la caféine. Autre avantage du déca : on peut le boire après le
repas du soir sans crainte de passer une
nuit blanche. Les purs et durs ont toutefois tendance à bouder le café décaféiné
parce qu'il ne leur procure pas ce coup de
fouet physique et psychologique qu'ils
recherchent dans le café régulier.

La molécule de caféine est une substance
alcaloïde qui peut perdre de sa puissance
durant la torréfaction, mais aussi lors de
la décaféination. Le processus de décaféination peut également dépouiller le café
d'une partie de son arôme et de sa
saveur. Cela dit, c'est généralement lors
de la torréfaction que le café décaféiné

acquiert un goût et une texture déplaisante. Fort heureusement, les meilleurs procédés de décaféination protègent la saveur originale du café.

Si on se fie à mon expérience, un café 100 % arabica de qualité supérieure qui a été torréfié correctement et décaféiné à l'eau selon le procédé suisse conservera sa saveur et son arôme initial. Un bon déca est comparable en qualité à un café régulier.

Le marché du café décaféiné est en plein essor. Le déca compte aujourd'hui pour 20 % de la consommation totale de café en Amérique, contre 3 % en 1962. Malgré cette hausse marquée en popularité, les avantages reliés à la santé ne suffisent plus à convaincre le consommateur d'opter pour le déca : celui-ci exige désormais qualité et variété.

Pour faire un choix judicieux en matière de café décaféiné, il est important que vous connaissiez les différentes méthodes de décaféination. La section suivante se consacre à l'exploration de ces techniques.

Les méthodes de décaféination

C'est au début du XXe siècle qu'a été élaboré le premier procédé de décaféination. Bien que de nombreuses techniques différentes aient été brevetées depuis, l'industrie utilise principalement trois méthodes de décaféination. La phase de préparation est la même pour chacune de ces méthodes : on fait d'abord ramollir les grains de café verts en les exposant à l'eau et à la vapeur ; l'humidité ouvre les pores des grains et il devient dès lors possible d'en extraire la caféine. Suivant cette étape préliminaire, on applique différents procédés de décaféination. Les trois principales méthodes sont :

1. La décaféination à l'eau, ou « procédé suisse »

2. La décaféination au solvant naturel ou chimique

3. La décaféination au dioxyde de carbone

La décaféination à l'eau

On a recours à la méthode à l'eau quand il est question de décaféiner des grains d'arabica de qualité supérieure. Le procédé suisse produit un café déca de grande qualité, et, donc, plus dispendieux.

Ce procédé de décaféination entièrement naturel ne fait appel à aucun produit chimique. On fait d'abord tremper des grains ramollis à l'eau et à la vapeur dans une eau qui absorbera non seulement la caféine, mais aussi la saveur et l'arôme du café. Après avoir jeté ce premier lot de grains, on filtre l'eau au charbon pour en extraire la caféine ; il ne restera plus, donc, dans cette eau que les éléments gustatifs et olfactifs du café. Les grains que l'on fera tremper ensuite dans cette solution seront décaféinés sous l'action d'un principe de solubilité fort simple : la caféine migrera d'une zone de forte concentration (le grain lui-même) à une zone de faible concentration (la solution, laquelle ne contient aucune caféine). Ce procédé permet de retirer entre 94 et 96 % de la caféine.

Il existe une autre méthode de décaféination à l'eau, différente du procédé suisse, dans laquelle on utilise des produits chimiques plutôt que des filtres au charbon pour extraire la caféine de la solution. Cette façon de faire peut sembler moins favorable que celle préconisée par le procédé suisse, néanmoins les grains de café n'entrent pas en contact avec le solvant chimique et conservent donc leur arôme et leur saveur caractéristique.

La décaféination au solvant

- Les solvants les plus couramment utilisés dans la décaféination du café sont le chlorure de méthylène et l'acétate d'éthyle.

- Bien que le chlorure de méthylène synthétique soit reconnu comme étant une substance néfaste pour l'environnement, son usage est toléré à condition que le taux de résidus ne dépasse pas un certain seuil.

- L'acétate d'éthyle peut être élaboré synthétiquement ou à partir d'ingrédients naturels. Le café décaféiné avec ce type de solvant est généralement commercialisé sous l'appellation : « décaféiné selon un procédé naturel ». Malheureusement, le fabricant n'est pas tenu de préciser s'il a employé un solvant naturel ou synthétique.

Méthode dans laquelle le solvant entre en contact avec le café : Après la phase de trempage initiale, le solvant circule à travers les grains pour en extraire la caféine. Les grains sont ensuite rincés à l'eau, passés à la vapeur afin d'éliminer les résidus de solvant, puis séchés. Cette méthode permet d'extraire entre 96 et 98 % de la caféine. Les grains décaféinés sont vendus tels quels aux torréfacteurs ou aux grandes marques de café ; la caféine extraite durant le processus de décaféination est vendue à des firmes pharmaceutiques et à des compagnies de boissons gazeuses.

Méthode dans laquelle le solvant n'entre pas en contact avec le café : Après la phase de trempage initiale, on fait tremper les grains de café dans un bain d'eau chaude qui absorbera la caféine ainsi que les éléments gustatifs et olfactifs du café. La solution saturée d'arômes de café est ensuite additionnée d'un solvant qui absorbera la caféine qu'elle contient. Pour terminer, les grains sont trempés une seconde fois dans la solution aromatique pour y retrouver leur saveur initiale.

Il est important de noter que le solvant n'entre jamais en contact avec le café. On éliminera par la suite les résidus de solvant en passant les grains à la vapeur ou en les torréfiant.

La décaféination au dioxyde de carbone

Après la phase de trempage initiale, le café est placé dans un extracteur où il est exposé à un solvant au dioxyde de carbone. Pressurisé à plus de 250 fois sa pression atmosphérique normale, le gaz atteint un niveau dit « supercritique » qui le porte à mi-chemin entre l'état liquide et l'état gazeux. Durant l'extraction, la caféine migre du café au solvant.

Une fois la décaféination terminée, le solvant est filtré et la caféine, recueillie en vue d'un usage subséquent. Au terme de l'opération, la pression est relâchée et le solvant retourne à l'état gazeux avant de se dissiper. Le dioxyde de carbone est un gaz non toxique qui permet de retirer entre 96 et 98 % de la caféine sans altérer la saveur du café.

Si le dioxyde de carbone lui-même est peu coûteux, le procédé de décaféination, lui, est extrêmement dispendieux, ce qui explique pourquoi les usines de décaféination sont si rares et pourquoi le café décaféiné est plus cher que le café régulier.

Le choix d'un déca

Selon la loi canadienne sur les aliments et drogues, un café brut ne doit pas contenir plus de 0,1 % de caféine pour avoir droit à l'appellation « décaféiné » ; dans le cas du café instantané décaféiné, la teneur en caféine ne doit pas dépasser 0,3 %.

Avant d'acheter du café décaféiné, vérifiez s'il s'agit d'un mélange à base d'arabica ou de robusta. Comme les grains de robusta contiennent à l'état naturel deux fois plus de caféine que les grains d'arabica, un déca fait à 100 % de robusta aura une teneur en caféine plus élevée qu'un déca fait à 100 % d'arabica.

Il est intéressant de noter que la quasi-totalité du café déca disponible en marché a été décaféiné dans des usines de Suisse et d'Allemagne. Ces deux pays sont, en effet, responsables de l'essentiel de la production mondiale de café décaféiné. Après avoir été décaféinés, les grains verts sont expédiés à nouveau en Amérique du Nord. Le consommateur sera heureux d'apprendre que les usines allemandes observent des normes de traitement et un contrôle de la qualité extrêmement stricts. Pas étonnant, considérant que c'est ce pays qui a inventé la décaféination il y a de cela plus de 100 ans!

Par le passé, on utilisait surtout des grains de robusta pour faire du café décaféiné. Bien que de qualité inférieure, le robusta permet l'extraction d'une plus grande quantité de caféine, laquelle peut ensuite être vendue à des compagnies pharmaceutiques ou de boissons gazeuses. Cela dit, de plus en plus de cafés déca sont aujourd'hui élaborés à partir de grains arabicas. En plus de contenir moins de caféine résiduelle que le robusta décaféiné, l'arabica décaféiné est beaucoup plus savoureux et aromatique que ce dernier.

Le niveau de toxicité du café décaféiné

Bon nombre de consommateurs s'inquiètent du niveau de toxicité du café décaféiné. Avant de définitivement délaisser le déca en faveur du thé à la menthe, sachez que:

• Le chlorure de méthylène s'évapore à 83 °C (180 °F)

• Le café est torréfié à une température d'au moins 180 °C (350 °F)

• Le café est infusé à une température variant entre 88 et 100 °C (190 et 212 °F)

Une fois infusé, le café décaféiné contient, en termes de parties par milliards, moins de chlorure de méthylène que l'air de la plupart des villes nord-américaines. Pour ma part, je m'inquiète davantage d'avoir à respirer les gaz d'échappement des centaines de voitures que je croise quotidiennement dans la rue que des traces résiduelles de produits chimiques que peut contenir ma tasse de café décaféiné!

Café et santé

Le café est-il bon pour la santé ?

Tout au long de son histoire, le café a été considéré tantôt comme un élixir de vie, tantôt comme un poison. Encore aujourd'hui, les effets du café sur la santé sont matière à controverse. Les opinions, qu'elles soient bonnes ou mauvaises, semblent vouées à demeurer éternellement enveloppées dans une aura de confusion.

Aucune autre boisson n'a fait l'objet de tant de recherches et n'a suscité autant de débats médiatiques concernant son incidence sur la santé humaine. Café et caféine ont été mesurés, analysés et testés de toutes les façons imaginables. S'il est indéniable que le café a la capacité de stimuler l'esprit, il est également vrai que l'on a quelque peu exagéré ses vertus médicinales par le passé.

Dans les années 1980, on proclamait haut et fort que le café était cancérigène et qu'il pouvait provoquer des problèmes cardiaques, l'infertilité ainsi que plusieurs autres maladies. Aucune étude subséquente n'a démontré que le café pouvait avoir des effets si néfastes sur la santé. Même que l'on déclarait récemment dans une publication de l'université de Californie que la mauvaise réputation du café n'est pas fondée et qu'il n'y a aucun danger à le consommer de façon modérée.

De fait, le consensus général est qu'une consommation modérée de café, soit quatre ou cinq tasses par jour, ne peut pas nuire au bon fonctionnement du corps humain. Cela dit, tout le monde n'a pas le même niveau de sensibilité à la caféine. Certaines personnes peuvent boire plus de cinq tasses par jour sans ressentir quelque effet que ce soit et peuvent même en boire tard le soir sans que cela affecte leur sommeil ; à l'opposé, il y ceux qui sont incapables de tolérer la moindre goutte de café et de caféine. Il y a même des gens qui sont allergiques au café. Bref, les réactions physiologiques et psychologiques à la caféine varient énormément d'un individu à l'autre.

Il ne fait aucun doute que le café est un stimulant ; la soudaine bouffée d'énergie qu'il procure est liée à une excitation du système nerveux et du métabolisme en général. D'un autre côté, la caféine est une substance naturelle que l'on retrouve dans les feuilles, graines et fruits d'une soixantaine de plantes. L'être humain consomme de la caféine sous une forme ou une autre depuis des milliers d'années.

La section suivante s'intéresse aux effets du café et de la caféine sur la santé.

La performance mentale

Tout le monde sait que le café aiguise et éveille l'esprit. Selon une étude menée par la British National Health Institute, boire trois à cinq tasses de café par jour stimule le système nerveux, augmente la capacité mémorielle et affine les réflexes. D'autres recherches ont démontré que la caféine prolonge considérablement la capacité d'attention et de concentration et qu'elle affecte l'humeur de façon positive.

Des études récentes ont prouvé que la caféine contient des substances analgésiques qui soulagent les maux de tête via une augmentation de l'apport sanguin au cœur et une constriction des vaisseaux sanguins du cerveau. La caféine est l'ingrédient médicinal le plus courant dans les cachets contre la migraine et autres médicaments anti-douleur.

Le café permet aussi d'augmenter le niveau de sûreté en milieu de travail. Les ouvriers qui travaillent de nuit devraient boire du café pour accroître leur coordination oculo-motrice et réduire les risques d'accident. Ceci est particulièrement vrai dans le cas d'un travail qui demande une concentration intense et un temps de réaction très rapide – pilote d'avion ou contrôleur aérien, par exemple.

La performance physique

La caféine est une substance très controversée dans le monde du sport – elle figure même sur la liste des substances prohibées du Comité international olympique ! Certaines études prétendent que la caféine stimule la production d'énergie dans le corps humain, mais il se pourrait que cette hausse d'énergie qui accompagne la consommation de café soit le résultat d'un accroissement de la motivation psychologique.

Une étude publiée en 1993 par le magazine American Sports Medicine en est arrivée à deux conclusions intéressantes en ce qui concerne l'effet de la caféine sur la performance physique : de un, il n'existe aucune donnée scientifique prouvant que la caféine augmente la capacité musculaire dans la pratique d'une activité sportive nécessitant un effort bref et intense ; de deux, la caféine a un effet stimulant seulement dans le cas d'un effort prolongé – plus d'une demi-heure – et d'intensité moyenne. Il est possible que la caféine entraîne une hausse du niveau de performance dans un sport nécessitant des mouvements et réactions rapides – la boxe, par exemple. Par contre, elle est contre-indiquée dans les activités caractérisées par un mouvement précis et soutenu – escrime, tir à l'arc, etc. Les cyclistes et les coureurs de fond boivent du café parce que cela augmente leur endurance. Mais comme il s'agit d'une boisson diurétique, le café a également un effet négatif sur leur performance puisqu'il accroît la fréquence urinaire et accélère le processus de déshydratation.

Le café et le cholestérol

À une certaine époque, les pays scandinaves ont remarqué une augmentation généralisée du taux de cholestérol chez les individus qui boivent régulièrement du café. À la lumière de cette constatation alarmante, l'université de Tromso, en Norvège, a lancé une étude impliquant 14 500 consommateurs de café. Cette étude a démontré que le café entraînait effectivement une augmentation du cholestérol sanguin. Une précision fut cependant apportée en 1994 : la hausse de cholestérol dépendait de la méthode de préparation employée ! Il n'y avait, en effet, augmentation du cholestérol que lorsque le café était bouilli. L'étude ne relevait aucune élévation du cholestérol chez les sujets qui buvaient du café filtre ou préparé avec une cafetière à espresso.

Le café bouilli ou préparé au percolateur renferme un lipide qui fait monter le taux de cholestérol. La fluctuation du cholestérol est donc causée par un produit dérivé lié à la méthode de préparation, et non par la caféine elle-même. Des études subséquentes ont démontré qu'on pouvait éliminer les substances offensantes du café bouilli en utilisant un filtre en papier.

L'effet du café sur le cœur

Bien que l'on ait longtemps pensé que l'action stimulante du café pouvait occasionner des problèmes cardiaques, nous savons maintenant qu'il n'en est rien. On peut, en effet, boire quatre ou cinq tasses de café par jour sans que cela porte atteinte au bon fonctionnement du cœur. Il s'agit de faire preuve de modération.

Au cours des dernières décennies, de nombreuses études se sont penchées sur l'incidence de la caféine sur les maladies coronariennes, l'arythmie et les problèmes cardiaques. Or, aucune de ces études n'a dénoté de lien direct entre ces affections et la consommation de café.

• Deux chercheurs de Toronto, Martin Myers et Antonio Basinki, ont suivi pendant 25 ans quelque 103 000 sujets issus de six pays. Au terme de cette étude menée de 1966 à 1991, ils ont conclu que le café ne contribuait pas au développement de maladies cardiaques.

• Selon une étude menée par des spécialistes de l'université de Harvard auprès de 45 000 sujets masculins buvant quatre tasses ou plus de café par jour, il n'y aurait aucun lien entre la consommation de café et les maladies cardiovasculaires.

• Les résultats d'une étude qui suivait depuis 1980 les habitudes alimentaires de plus de 85 000 infirmières confirment que la caféine n'augmente pas les risques de maladie cardiaque.

• L'université de Rotterdam a mené plusieurs études où maladies coronariennes, crises cardiaques et caféine étaient mises en corrélation. Encore une fois, aucun lien ne fut observé entre ces maladies et la consommation de café.

Si vous souffrez d'arythmie ou de palpitations, diminuez ou discontinuez votre consommation de café. Faites preuve de modération et demeurez attentif aux réactions de votre cœur.

Le café et les ulcères d'estomac

Des études récentes ont démontré que la plupart des ulcères sont causés par une bactérie nommée *Helicobacter pylori.* Or, si le café – tout comme les aliments épicés et le stress – ne peut pas causer un ulcère, il peut cependant aggraver un ulcère déjà existant. Il est possible qu'en stimulant le système nerveux, le café produise un stress susceptible d'aggraver un ulcère ou d'en retarder la guérison. J'ai moi-même développé plusieurs ulcères au fil des années, mais ça ne m'a jamais empêchée de boire du café !

Certains prétendent que le café peut soulager les troubles gastriques et intestinaux. L'hypothèse est plausible considérant qu'une tasse de café renferme la dose quotidienne recommandée de vitamine B3 (niacine), laquelle est employée pour soulager les malaises reliés au système digestif.

L'insomnie

Personnellement, le café m'empêche de dormir. La science révèle cependant qu'il n'en est pas de même pour tout le monde. Selon les chercheurs, le café ne provoque l'insomnie que s'il est bu tard le soir et en grande quantité. Le corps humain met entre 3 et 4 h à éliminer la moitié de la caféine qu'il a consommée, ce qui explique les problèmes de sommeil de ceux qui boivent du café en soirée. Des études ont démontré que, sous l'effet de la caféine, on met plus de temps à s'endormir et que l'on dort moins longtemps et moins profondément. Cela dit, les Scandinaves ont l'habitude de boire du café juste avant l'heure du coucher sous prétexte que cela les aide à dormir ! Bref, l'effet dépend de la tolérance de chacun.

La croyance populaire veut que les personnes âgées soient plus sensibles que les jeunes aux effets de la caféine. Comment expliquer alors que ma belle-mère, une fringante septuagénaire prénommée Ruth, puisse dormir sans problème alors qu'elle avale quotidiennement une ou deux tasses de café après le souper ?

Café et grossesse

La majorité des médecins s'entendent sur le fait que les femmes doivent éviter de consommer quelque drogue que ce soit durant la grossesse. Ceci inclut la caféine.

En Amérique du Nord, 80 % des femmes boivent du café quand elles sont enceintes. Vu l'importance du nombre, les chercheurs ont jugé bon de s'intéresser à la question.

Des études publiées dans le journal de la American Medical Association affirment qu'une femme enceinte qui consomme 300 mg de caféine par jour, c'est-à-dire entre 750 ml et 1 litre (3 à 4 tasses) de café par jour, n'est pas plus à risque qu'une femme qui s'abstient de boire du café d'accoucher prématurément ou de donner naissance à un enfant au poids insuffisant ou atteint de malformations.

Lorsque consommé avec modération, le café n'a aucun effet sur la fertilité. On note une baisse de fertilité chez les fumeuses qui boivent beaucoup de café, mais il est probable que cette baisse est due à la cigarette plutôt qu'à la caféine.

Le café : une boisson minceur ?

Une tasse de café nature ne contient que deux calories. Avec un nuage de lait : 10 calories. Ajoutez 1 c. à café (1 c. à thé) de sucre au mélange et vous porterez ce nombre à 20 calories environ.

Buvez une tasse de café quand vous êtes à jeun et cela coupera de beaucoup votre appétit. Le café n'est pas une substance amaigrissante en tant que tel, mais comme il stimule la production d'énergie dans le corps humain, il permet d'accélérer le métabolisme et de brûler davantage de calories.

Selon une étude récente, une personne qui consomme 450 mg de caféine par jour (1 à 1,25 litre / 4 à 5 tasses de café par jour) brûlera quotidiennement entre 80 et 150 calories de plus que si elle ne buvait pas de café. Le café favorise, en outre, l'utilisation des acides gras par le métabolisme.

N'oubliez pas que les effets de la caféine dépendent en grande partie de l'âge et de l'état de santé de l'individu.

Le café et l'ostéoporose

Les chercheurs s'intéressent aujourd'hui de près au lien potentiel entre la consommation de café et l'ostéoporose, une maladie qui rend les os poreux et fragiles et qui s'attaque principalement aux femmes âgées.

En plus de diminuer les facultés d'absorption de calcium de l'organisme, le café favorise l'excrétion de ce métal qui joue un rôle prépondérant dans le maintien des os. Les femmes qui boivent beaucoup de café éliminent davantage de calcium et sont donc plus sujettes aux fractures et à l'ostéoporose. Des études récentes ont cependant démontré qu'on pouvait contrebalancer la perte de calcium occasionnée par la consommation de 500 ml (2 tasses) de café en buvant un verre de lait. Mesdames, vous ferez donc d'une pierre deux coups en vous offrant un bon bol de café au lait ! Quant aux amatrices d'espresso et de cappuccino, il leur est conseillé d'agrémenter leur régime alimentaire de yogourt, de fromages, de lait, ou de tout autre aliment riche en calcium.

149

Un baume pour les voies respiratoires

Il est prouvé que le café aide les asthmatiques à mieux respirer. Le café provient, en effet, de la même famille chimique que la théobromine, un alcaloïde aux propriétés broncho-dilatatrices utilisé dans les médicaments contre l'asthme. Une étude a démontré que les asthmatiques qui boivent régulièrement du café présentent 19 % moins de symptômes que ceux qui n'en boivent pas du tout.

Les personnes sujettes à des crises d'asthme durant l'activité physique devraient boire une tasse de café avant de faire de l'exercice, ceci afin de diminuer la constriction bronchiale. La caféine dilate la bronche intralobulaire et, de ce fait, contribue à régulariser le système respiratoire.

Mes deux filles, Ingrid et Krista, sont toutes deux asthmatiques. Or, elles prétendent que le café les détend et dégage leurs voies respiratoires quand une crise se manifeste. Ingrid affirme que le serrement qu'elle ressent à la poitrine à cause de son asthme se relâche quand elle boit une tasse de café.

Précisons encore une fois que l'effet variera d'une personne à l'autre.

Les problèmes reliés à l'accoutumance

Le site Internet de la Coffee Science Source décrit l'accoutumance à une drogue comme une dépendance caractérisée par :

- Des symptômes de sevrage sévères.
- Une tolérance accrue à la substance et le besoin d'en augmenter la dose.
- Une perte de contrôle et la nécessité de consommer la substance à tout prix.

Ces symptômes d'accoutumance ne sont pas présents chez les buveurs de café.

Dans un article publié dans le National Post, la journaliste Julia McKinnell affirme que le café n'est pas plus toxicomanogène – c'est-à-dire susceptible d'engendrer une dépendance – que les choux de Bruxelles, le céleri ou la tête fromagée ! En ce cas, comment expliquer cette délicieuse fébrilité, ce vif éveil des sens que vous ressentez quand les effluves de café envahissent votre cuisine alors que vous préparez votre première tasse d'espresso de la journée ? Est-ce la dépendance à la caféine ou simplement votre amour du café qui vous excite ainsi ?

La consommation moyenne de caféine en Amérique du Nord est de 230 mg (500 à 625 ml / 2 à 2 ½ tasses de café) par personne par jour. En fait, on pourrait dire sans crainte de se tromper que la vaste majorité de la population mondiale a besoin de sa dose quotidienne de caféine.

Les personnes qui boivent beaucoup de café peuvent rarement se débarrasser de cette habitude sans difficulté. Ces gens souffrent généralement de migraines sévères quand ils interrompent leur consommation quotidienne. Fatigue et irritabilité sont d'autres symptômes de sevrage courants. C'est bien souvent pour éviter ces malaises que l'on continue de boire du café et de l'espresso. Quand on boit du café tous les jours, on développe une tolérance à la caféine ; une consommation quotidienne de 750 ml (3 tasses) de café suffit à créer une dépendance physiologique à la caféine.

Le *Petit Robert* décrit la passion comme une « vive inclination vers un objet que l'on poursuit, auquel on s'attache de toutes ses forces ». Or, la première tasse de café du matin est pour moi une nécessité motivée tant par ma passion du café que par mon accoutumance à la caféine. Ce premier café que je sirote avec volupté m'aide à commencer la matinée en douceur, dans la paix et la sérénité – les choses ont malheureusement tendance à se gâter dans le courant de la journée !

Au bout du compte, c'est à vous de décider si vous devez diminuer, voire interrompre votre consommation de café. Peut-être est-il temps pour vous d'opter pour le café décaféiné ! Si vous décidez de continuer de boire du café, fixez-vous des limites afin d'éviter que votre passion ne devienne dépendance. Écoutez votre corps. Dégustez votre café avec amour, mais tout en faisant preuve de modération.

Les **cocktails chauds** au **cappuccino**

Les cocktails chauds
au cappuccino

Un bon café bien mousseux renferme

tous les secrets de l'existence.

Le cheik Abd-Al Kadir (1587)

Espresso à sept étages

Une création aussi exquise que spectaculaire.

1 PORTION

SERVIR DANS UN GRAND VERRE FUSELÉ

30 ml (1 oz) de sirop de chocolat
30 ml (1 oz) de sirop de noisette
90 ml (3 oz) de lait vapeur chaud
60 à 113 ml (2 à 4 oz) d'espresso chaud
   fraîchement préparé
Cacao moulu

- 1re couche : 15 ml (½ oz) de sirop de chocolat

- 2e couche : 15 ml (½ oz) de sirop de noisette

- 3e couche : 45 ml (1 ½ oz) de lait vapeur (verser très doucement)

- 4e couche : 15 ml (½ oz) de sirop de chocolat (verser très doucement au centre du verre)

- 5e couche : 15 ml (½ oz) de sirop de noisette (verser très doucement au centre du verre)

- 6e couche : 45 ml (1 ½ oz) de lait vapeur (verser très doucement)

- 7e couche : 60 à 113 ml (2 à 4 oz) d'espresso (verser très doucement au centre du verre ; la mousse montera d'elle-même à la surface)

- Saupoudrer de cacao moulu.

Latte forêt noire

Une pure tradition germanique.

1 PORTION

45 ml (1 ½ oz) de sirop de chocolat
  ou de crème de cacao
45 ml (1 ½ oz) de sirop de framboise
  ou de kirsch
60 ml (2 oz) d'espresso chaud
  fraîchement préparé
113 à 170 ml (4 à 6 oz) de lait vapeur
Crème fouettée
½ c. à café (½ c. à thé) de sirop de
  framboise
Copeaux de chocolat (ou cacao moulu)
Cerise au marasquin

- Verser les sirops ou liqueurs alcoolisées dans une grande tasse de 340 ml (12 oz).

- Ajouter l'espresso.

- Remplir la tasse de lait vapeur.

- Mélanger à l'aide d'une cuillère.

- Garnir de crème fouettée.

FACULTATIF

- Verser ½ c. à café (½ c. à thé) de sirop de framboise sur la crème fouettée.

- Garnir de copeaux de chocolat ou saupoudrer de cacao moulu.

- Coiffer le tout d'une cerise au marasquin.

Martini à l'espresso

Une recette à la fois simple et classique.

1 PORTION

60 à 113 ml (2 à 4 oz) de café ou
d'espresso froid
30 à 60 ml (1 à 2 oz) de vodka
  à la vanille
Une goutte de crème moitié-moitié
Glaçons

- Verser les ingrédients dans un shaker.

- Secouer vigoureusement pendant 15 sec.

- Filtrer et verser dans un verre à martini refroidi.

Mokaccino « nouveau millénaire »

Une délectable concoction Nouvel Âge.

2 À 3 PORTIONS

45 ml (1 ½ oz) de chocolat non sucré
60 g (¼ tasse) de sucre
113 ml (4 oz) d'espresso chaud
  fraîchement préparé
½ c. à café (½ c. à thé) de cannelle
  moulue
175 ml (¾ tasse) d'eau
500 ml (2 tasses) de lait
Crème fouettée

GARNITURE FACULTATIVE
Bâton de cannelle

- Mélanger le chocolat, le sucre, l'espresso, la cannelle et l'eau dans une casserole de taille moyenne. Faire chauffer à feu moyen.

- Remuer constamment jusqu'à ce que le chocolat soit fondu et que le mélange ait une texture lisse.

- Amener à ébullition (attention de ne pas faire brûler !).

- Réduire le feu et laisser mijoter à découvert pendant 4 min en remuant constamment.

- Incorporer le lait progressivement en remuant toujours. Continuer de chauffer et prenant soin de ne pas faire bouillir.

- Battre la mixture à l'aide d'un fouet à main jusqu'à ce qu'elle commence à mousser.

- Verser la mixture dans des grandes tasses ; garnir de crème fouettée et d'un bâton de cannelle (facultatif).

Mokaccino à l'orange

Pour ajouter un zeste de fantaisie au mokaccino.

2 PORTIONS

500 ml (2 tasses) de lait froid
113 ml (4 oz) de sirop de chocolat
113 ml (4 oz) d'espresso chaud
  fraîchement préparé
1 ou 2 quartiers d'orange
⅛ c. à café (⅛ c. à thé) de cannelle
  moulue
¼ c. à café (¼ c. à thé) de zeste d'orange

- Verser le lait froid et le sirop dans un récipient en acier inoxydable.

- Passer au bec vapeur jusqu'à ce que la mixture ait l'apparence et la texture d'un chocolat chaud mousseux.

- Verser l'espresso dans deux tasses de 340 ml (12 oz).

- Ajouter le jus d'orange à l'espresso en pressant les quartiers d'orange au-dessus des tasses.

- Ajouter la cannelle.

- Remplir les tasses en ajoutant le chocolat chaud mousseux à la mixture de jus d'orange et d'espresso.

- Garnir d'une pincée de cannelle ou de zeste d'orange.

Mokaccino royal

Un cocktail majestueusement différent.

4 PORTIONS

4 c. à café (4 c. à thé) de sirop
de chocolat

125 ml (½ tasse) de lait ou de crème
légère

¾ c. à café (¾ c. à thé) de cannelle

¼ c. à café (¼ c. à thé) de muscade

1 c. à soupe de sucre blanc

340 ml (12 oz) d'espresso chaud
fraîchement préparé

- Verser 1 c. à café (1 c. à thé) de sirop de chocolat dans chaque tasse.

- Faire mousser le lait (ou la crème) jusqu'à ce qu'il double de volume.

- Dans le lait, incorporer ¼ c. à café (¼ c. à thé) de cannelle, la muscade et le sucre.

- Incorporer la cannelle restante au café chaud, puis mélanger.

- Verser l'espresso dans les tasses.

- Remuer une fois la mixture de café et de sirop de chocolat.

- Garnir de mousse.

Espresso « or noir »

Un riche délice.

159

1 PORTION

60 ml (2 oz) d'espresso chaud
fraîchement préparé

1 c. à café (1 c. à thé) de crème
de cacao (liqueur ou sirop)

30 ml (1 oz) de rhum ou de sirop
à saveur de rhum

Crème fouettée moelleuse

30 ml (1 oz) de cognac (facultatif)

- Verser les ingrédients liquides dans un verre à cocktail ou dans une tasse à cappuccino de 170 ml (6 oz).

- Garnir d'une cuillerée de crème fouettée moelleuse.

- Servir chaud.

Salade de fruits au cappuccino

Exquise variante d'un dessert italien traditionnel.

1 PORTION

2 c. à café (2 c. à thé) de marmelade
    aux fruits des champs
Espresso chaud fraîchement préparé
Crème fouettée
Baies fraîches en garniture
30 ml (1 oz) de sirop ou de liqueur à
    saveur de fruit ou de baie (facultatif)

- Mettre 2 c. à café (2 c. à thé) de marmelade dans une tasse en verre.

- Verser l'espresso sur la marmelade.

- Garnir de crème fouettée et de baies entières.

- Napper la crème fouettée et les baies de liqueur ou sirop aux fruits (facultatif).

- Savourer avec une cuillère à entremets en remuant bien pour mélanger les saveurs.

Latte au chocolat et à la menthe

Un divin café-dessert

1 PORTION

50 ml (1 ¾ oz) de sirop de chocolat
15 ml (½ oz) de crème de menthe
    (liqueur ou sirop)
15 ml (½ oz) de crème de cacao
    (liqueur ou sirop)
60 ml (2 oz) d'espresso chaud
    fraîchement préparé
170 ml (6 oz) de lait vapeur
    ou mousseux
Crème fouettée
Cacao moulu ou chocolat râpé

- Verser le sirop de chocolat, les liqueurs (ou sirops) et l'espresso dans des tasses à latte de 340 ml (12 oz).

- Remplir les tasses de lait vapeur ou mousseux.

- Remuer doucement pour mélanger les ingrédients.

- Garnir de crème fouettée.

- Saupoudrer le tout de cacao moulu ou de chocolat râpé.

Espresso aux amandes

Une authentique tradition italienne.

1 PORTION

7 à 15 ml (¼ à ½ oz) de sirop d'amande
ou d'amaretto
60 à 113 ml (2 à 4 oz) d'espresso chaud
fraîchement préparé
Crème fouettée
15 à 30 ml (½ à 1 oz) de sambuca
(facultatif)

- Verser le sirop ou la liqueur dans une tasse en verre.
- Ajouter l'espresso.
- Garnir d'une cuillerée de crème fouettée.

Extase à l'espresso

Le nectar des dieux!

1 PORTION

60 à 113 ml (2 à 4 oz) d'espresso chaud
fraîchement préparé
60 à 113 ml (2 à 4 oz) de crème légère
1 c. à café (1 c. à thé) de sucre blanc

- Verser l'espresso dans une tasse à cappuccino.
- Mélanger la crème et le sucre.
- Ajouter le mélange à l'espresso.

161

Mokaccino aux « Turtles »

Inspiré de la célèbre friandise au caramel et aux noix.

1 PORTION

60 ml (2 oz) d'espresso chaud
  fraîchement préparé ou de café fort
30 ml (1 oz) de sirop de caramel
30 ml (1 oz) de sirop aux noisettes
  ou aux noix de macadam
  (ou Frangelico)
30 ml (1 oz) de sirop de chocolat
170 ml (6 oz) de lait vapeur

• Combiner l'espresso et les sirops dans une tasse
  à latte ou dans un grand verre de 340 ml (12 oz).

• Remplir le reste de la tasse de lait vapeur.

Cappuccino à la crème caramel

La crème des cappuccinos!

1 PORTION

162

60 ml (2 oz) d'espresso chaud
  fraîchement préparé
30 ml (1 oz) de sirop de vanille
145 à 200 ml (5 à 7 oz) de lait
  mousseux
Sirop de caramel

• Verser l'espresso dans une tasse à latte ou à
  cappuccino, puis ajouter le sirop de vanille.

• Remplir le reste de la tasse de lait mousseux, puis
  coiffer d'un peu de mousse.

• Napper le tout de sirop de caramel.

Cappuccino «à la brunante»

À servir à la tombée du jour.

1 PORTION

1 ½ c. à soupe de sirop de chocolat
   ou de liqueur à la crème de cacao
1 ½ c. à soupe de sambuca (facultatif)
60 ml (2 oz) d'espresso chaud
   fraîchement préparé ou de café fort
Crème fouettée moelleuse

- Verser le sirop (ou la crème de cacao) et le sambuca dans une tasse.

- Ajouter l'espresso.

- Garnir d'une cuillerée de crème fouettée.

- Servir immédiatement.

Martini nocturne à l'espresso

Pour les soirées enivrantes.

1 PORTION

45 ml (1 ½ oz) d'espresso chaud
   fraîchement préparé
45 ml (1 ½ oz) de vodka à la vanille
45 ml (1 ½ oz) de liqueur de noisette
   (Frangelico)
125 ml (½ tasse) de glace

- Verser tous les ingrédients dans un shaker, incluant la glace.

- Secouer vigoureusement jusqu'à l'obtention d'une mixture mousseuse. (Notez que le café chaud fera fondre la glace et que les ingrédients se dilueront donc rapidement.)

- Filtrer et verser dans un verre à martini.

- Garnir de chocolat en paillettes.

Cappuccino « Brown Cow »

Inspiré du traditionnel cocktail.

1 PORTION

113 à 170 ml (4 à 6 oz) de lait vapeur
  ou mousseux
60 ml (2 oz) d'espresso chaud
  fraîchement préparé
15 à 30 ml (½ à 1 oz) de Kahlua
  ou de sirop B-52
15 à 30 ml (½ à 1 oz) de crème de cacao
  blanche ou de sirop de chocolat blanc

- Verser le lait chaud dans un grand verre à pied.

- Ajouter l'espresso et les liqueurs (ou sirops) en inclinant le verre et en versant très doucement.

Martini au tiramisu

Un dessert au café à rendre fou !

1 PORTION

1 ½ boule de crème glacée à la vanille
15 ml (½ oz) de sirop au tiramisu
  Routin
30 ml (1 oz) d'espresso froid
20 ml (⅔ oz) d'amaretto
Glaçons

- Combiner les ingrédients dans un mélangeur, incluant les glaçons.

- Mélanger jusqu'à l'obtention d'une texture veloutée et homogène.

- Verser dans un verre à martini refroidi.

Recette créée par Joseph Trotta, champion de France de cocktails / Courtoisie des sirops 1883 de Philibert Routin (www.Routin.com)

Martini à la noisette

Le plus voluptueux des mokas!

1 PORTION

15 ml (½ oz) de sirop de noisette
  Routin
15 ml (½ oz) de liqueur au café
40 ml (1 ⅓ oz) de tequila

GARNITURES FACULTATIVES
Crème
Cacao moulu non sucré

- Réunir les ingrédients (sauf ceux de la garniture) dans un shaker, puis secouer.
- Verser dans un verre à martini refroidi.
- Garnir d'une touche de crème.
- Saupoudrer de cacao moulu non sucré.

Latte au toffee

Pour l'amateur de café qui a la dent sucrée.

1 PORTION

7 ml (¼ oz) de liqueur ou sirop
  de banane
7 ml (¼ oz) de sirop de noisette
  ou de Frangelico
7 ml (¼ oz) de sirop au toffee anglais
  ou au caramel
60 ml (2 oz) d'espresso chaud
  fraîchement préparé ou de café fort
145 à 170 ml (5 à 6 oz) de lait vapeur
  chaud
Noisettes broyées (facultatif)

- Verser les sirops aromatisés ou les liqueurs dans une tasse à latte de 340 ml (12 oz).
- Ajouter l'espresso.
- Ajouter le lait vapeur chaud.
- Remuer une fois en soulevant la cuillère vers le haut de la tasse pour faire monter le sirop.
- Garnir de noisettes broyées (facultatif).

165

Moka B-52

Inspiré du populaire cocktail.

1 PORTION

113 à 170 ml (4 à 6 oz) de lait
  ou de crème légère
60 ml (2 oz) de sirop de chocolat
113 à 170 ml (4 à 6 oz) d'espresso chaud
  fraîchement préparé
60 à 90 ml (2 à 3 oz) de sirop B-52
  ou de liqueurs entrant dans la
  composition du B-52
Cacao moulu

- Remplir une tasse de lait ou de crème légère, jusqu'à la moitié.

- Ajouter le sirop de chocolat.

- Passer la mixture au bec vapeur jusqu'à ce qu'elle double de volume.

- Remplir le reste de la tasse d'espresso.

- Ajouter le sirop ou les liqueurs (⅓ Kahlua, ⅓ Bailey's, ⅓ Grand Marnier).

- Saupoudrer de cacao moulu.

Amoretini (martini à l'amaretto)

Un élégant dessert liquide.

1 PORTION

22 ml (¾ oz) de vodka à la vanille
22 ml (¾ oz) d'Amaretto di Saronno
15 ml (½ oz) de sirop d'espresso Monin
15 ml (½ oz) de crème moitié-moitié

- Remplir un shaker de glaçons.

- Ajouter les ingrédients et secouer.

- Filtrer et verser dans un verre à martini refroidi et givré de sucre et de chocolat.

Courtoisie des sirops Georges Monin inc. (www.monin.com)

Mokaccino à l'amaretto

Délicieusement décadent !

1 PORTION

113 à 145 ml (4 à 5 oz) de lait vapeur
   chaud

30 à 60 ml (1 à 2 oz) de sirop de chocolat

60 ml (2 oz) d'espresso chaud
   fraîchement préparé

15 ml (½ oz) de sirop d'amande
   ou d'amaretto

Crème fouettée moelleuse

- Mélanger le lait et le sirop de chocolat dans une tasse à cappuccino ou une tasse en verre de 340 ml (12 oz). Faire mousser.

- Verser doucement l'espresso et le sirop (ou la liqueur) dans la tasse de chocolat chaud mousseux.

- Garnir d'une cuillerée de crème fouettée.

Mokaccino au cognac

Un vrai péché mignon !

1 PORTION

30 ml (1 oz) de cognac

1 c. à café (1 c. à thé) de sucre

60 ml (2 oz) d'espresso chaud
   fraîchement préparé

125 ml (½ tasse) de chocolat chaud

113 ml (4 oz) de lait ou de crème légère

Chocolat râpé

- Dans une casserole, combiner et mélanger le cognac, le sucre, l'espresso et le chocolat chaud.

- Faire chauffer à feu doux. NE PAS FAIRE BOUILLIR.

- Faire mousser le lait (ou la crème) jusqu'à ce qu'il ait doublé de volume.

- Verser la mixture chaude dans un verre à cognac ou une tasse à latte.

- Napper de mousse de lait.

- Garnir de chocolat râpé.

Pour un cocktail non alcoolisé, remplacez le cognac par un sirop aromatisé de votre choix.

167

Cappuccino au Cointreau

Un cocktail acidulé à saveur d'orange.

1 PORTION

I clou de girofle
Une fine lanière de zeste d'orange
15 à 30 ml (½ à I oz) de Cointreau
   ou de sirop à l'orange
15 à 30 ml (½ à I oz) de rhum
   (facultatif)
60 ml (2 oz) d'espresso chaud
   fraîchement préparé
113 à 170 ml (4 à 6 oz) de lait mousseux
   chaud
Crème fouettée
Zeste d'orange râpé

- Dans une casserole, combiner le clou de girofle, le zeste d'orange, le Cointreau et le rhum.

- Chauffer à feu doux, juste assez pour réchauffer les liquides.

- Retirer du feu et jeter le clou de girofle.

- Ajouter l'espresso.

- Verser immédiatement dans une tasse ou un verre résistant à la chaleur.

- Verser le lait dans l'espresso et remuer doucement.

- Garnir de crème fouettée.

- Saupoudrer de zeste d'orange râpé.

Cappuccino au lait de soja

Version santé de la recette traditionnelle.

1 PORTION

113 à 170 ml (4 à 6 oz) de lait de soja
   (ou lait de riz) froid
60 à 113 ml (2 à 4 oz) d'espresso chaud
   fraîchement préparé

- Faire mousser le lait de soja ou de riz.

- Verser dans une tasse à latte ou à cappuccino de 340 ml (12 oz).

- Ajouter l'espresso en versant doucement dans la tasse.

Espresso au cacao

Un pur nirvana chocolaté!

1 PORTION

15 ml (½ oz) de crème de cacao foncée
15 ml (½ oz) de crème de cacao blanche
60 à 113 ml (2 à 4 oz) d'espresso chaud
   fraîchement préparé
Crème fouettée

- Verser les liqueurs dans une tasse à cappuccino de 170 ml (6 oz).
- Ajouter l'espresso chaud.
- Garnir d'une cuillerée de crème fouettée

Pour un cocktail non alcoolisé, les liqueurs peuvent être remplacées par des quantités égales de sirop de chocolat blanc et foncé.

Espressotini

Le favori des amateurs de martini et de caféine.

1 PORTION

15 à 30 ml (½ à 1 oz) de Cointreau
   ou de sirop à l'orange
45 ml (1 ½ oz) de liqueur de café
   (Kahlua)
90 ml (3 oz) de vodka à la vanille
   ou de sirop à la vanille
45 ml (1 ½ oz) d'espresso froid
Glaçons

GARNITURE FACULTATIVE
Zeste de citron

- Combiner le Kahlua et la vodka dans un shaker.
- Ajouter l'espresso et la glace.
- Secouer vigoureusement.
- Filtrer et servir dans un verre à martini.

169

Cappuccino à la banane et au cacao

La saveur des îles!

1 PORTION

90 à 113 ml (3 à 4 oz) d'espresso chaud
   fraîchement préparé
30 ml (1 oz) de crème de cacao
   (liqueur ou sirop)
30 ml (1 oz) de liqueur ou de sirop
   de banane
250 ml (8 oz) de lait vapeur

- Combiner l'espresso et les liqueurs (ou sirops) dans une tasse à latte.
- Remplir le reste de la tasse de lait vapeur.
- Servir immédiatement.

Latte au « Rolo »

Inspiré de la célèbre friandise.

1 PORTION

20 ml (¾ oz) de sirop de chocolat
20 ml (¾ oz) de sirop de caramel
60 ml (2 oz) d'espresso chaud
   fraîchement préparé
113 ml (4 oz) de lait vapeur chaud
Crème fouettée moelleuse
Sirop de caramel (garniture)
Cacao moulu

- Verser les sirops dans une tasse à cappuccino.
- Ajouter l'espresso chaud.
- Remuer une seule fois.
- Verser le lait sur la mixture.
- Couronner de crème fouettée.
- Napper la crème fouettée de sirop de caramel.
- Saupoudrer de cacao moulu.

Martini-dessert

Idéal à la fin d'un bon repas.

1 PORTION

60 ml (2 oz) d'espresso chaud
fraîchement préparé ou de café fort
30 ml (1 oz) de crème de cacao
ou de sirop au chocolat
30 ml (1 oz) de liqueur ou sirop
de framboise

GARNITURES
Crème fouettée sucrée
Poudre de chocolat
Framboises fraîches

- Secouer tous les ingrédients (sauf ceux de la garniture) dans un shaker.

- Verser dans un verre à martini.

- Coiffer le tout de crème fouettée.

- Garnir de poudre de chocolat et de framboises fraîches.

- Servir et manger avec une cuillère.

Martini au cappuccino

Le choix traditionnel par excellence !

1 PORTION

Glaçons
60 ml (2 oz) de sirop aromatisé
à saveur de cappuccino
60 ml (2 oz) de lait entier
45 ml (1 ½ oz) de vodka à la vanille

GARNITURE
Grains de café ou copeaux de chocolat

- Remplir un shaker de glaçons jusqu'à la moitié.

- Ajouter tous les ingrédients (sauf la garniture) et secouer.

- Verser dans un verre à martini en étalant bien la mousse à la surface de la mixture.

- Garnir de grains de café ou de copeaux de chocolat.

Courtoisie des sirops Oscar Skollsberg (www.Stearns-Lenmann.com)

Cappuccino à la crème

Doux comme un rêve onctueux.

1 PORTION

113 ml (4 oz) de lait ou de crème légère
60 ml (2 oz) d'espresso chaud
   fraîchement préparé
15 ml (½ oz) de sirop de chocolat noir
   ou de crème de cacao foncée
15 ml (½ oz) de sirop de chocolat blanc
   ou de crème de cacao blanche
Crème fouettée
Cacao moulu

- Faire mousser le lait jusqu'à ce qu'il ait doublé de volume.
- Verser l'espresso dans une tasse à cappuccino.
- Napper l'espresso de lait mousseux.
- Verser les liqueurs ou sirops au centre de la mousse.
- Coiffer de crème fouettée et saupoudrer de cacao moulu.

Martini au café-crème

Simple et moelleux à souhait.

1 PORTION

172

45 ml (1 ½ oz) d'espresso ou de café
   fort
45 ml (1 ½ oz) de Bailey's ou de sirop
   aromatisé à saveur de café-crème
90 ml (3 oz) de vodka au café
   (voir page 125)
Glaçons

- Combiner les ingrédients dans un shaker rempli de glaçons.
- Secouer vigoureusement.
- Verser en filtrant dans un grand verre à martini.

Courtoisie de Lura Lee (ineedcoffee.com)

Cappuccino à la crème irlandaise

Un heureux mariage de chaud et de froid.

1 PORTION

7 à 15 ml (¼ à ½ oz) de liqueur
   ou sirop à la crème irlandaise
7 à 15 ml (¼ à ½ oz) de crème
   de menthe (sirop ou liqueur)
7 à 15 ml (¼ à ½ oz) de Grand Marnier
   ou de sirop à l'orange
113 ml (4 oz) de lait mousseux
60 ml (2 oz) d'espresso chaud
   fraîchement préparé
Crème fouettée froide

- Verser les liqueurs ou sirops dans une tasse à cappuccino ou un grand verre à pied de 340 ml (12 oz).

- Ajouter le lait chaud.

- Ajouter l'espresso en remuant.

- Garnir généreusement de crème fouettée bien froide.

Martini irlandais

Une irrésistible infusion irlandaise.

1 PORTION

30 ml (1 oz) d'espresso ou autre café
   fraîchement préparé
30 ml (1 oz) de liqueur à la crème
   irlandaise (Bailey's)
7 ml (¼ oz) de crème de menthe blanche
Glaçons

- Secouer les ingrédients dans un shaker rempli de glaçons.

- Filtrer et verser dans un verre à martini.

- Saupoudrer de mouture d'espresso très fine.

Le mokaccino du millionnaire

Un cocktail d'une richesse incomparable.

1 PORTION

15 ml (½ oz) de Grand Marnier
15 ml (½ oz) de crème de Grand Marnier
15 ml (½ oz) de liqueur de café (Kahlua)
60 à 113 ml (2 à 4 oz) d'espresso chaud
   fraîchement préparé
113 ml (4 oz) de mousse de lait au
   chocolat

GARNITURES FACULTATIVES
1 c. à soupe de crème fouettée
Grains de café

- Mélanger les alcools dans une grande tasse en verre ou dans une tasse à cappuccino.

- Ajouter l'espresso.

- Garnir de mousse de lait au chocolat.

- Coiffer de crème fouettée (facultatif).

- Saupoudrer le tout de quelques grains de café (facultatif).

Pour une variante non alcoolisée, remplacer les liqueurs par du sirop d'amaretto ou par du sirop B-52.

Martini au moka

Accordez-vous une douce pause-moka.

1 PORTION

30 à 60 ml (1 à 2 oz) de café froid
45 ml (1 ½ oz) de vodka
45 ml (1 ½ oz) de liqueur de café
   (Kahlua)
30 ml (1 oz) de crème de cacao
15 ml (½ oz) de sirop de chocolat

- Verser les ingrédients (sauf le sirop de chocolat) dans un shaker rempli de glace.

- Secouer vigoureusement jusqu'à ce que la mixture devienne mousseuse.

- Filtrer et verser dans un verre à martini refroidi dont l'intérieur est orné d'une spirale de sirop de chocolat.

- Garnir de poudre de chocolat.

Cappuccino cognac et crème

Élégant et facile à préparer.

1 PORTION

113 ml (4 oz) de lait
60 ml (2 oz) d'espresso chaud
  fraîchement préparé
15 ml (½ oz) de cognac
15 ml (½ oz) de sirop à l'orange (ou
  crème de Grand Marnier ou Bailey's)

- Faire mousser le lait jusqu'à ce qu'il double de volume.
- Verser l'espresso dans une tasse à cappuccino.
- Napper l'espresso de mousse de lait.
- Ajouter le cognac et le sirop d'orange.
- Remuer doucement en gardant la mousse intacte.
- Servir immédiatement.

Pour un cocktail non alcoolisé, remplacez le cognac par du sirop à la crème irlandaise.

Cappuccino au chocolat et à la menthe

Vos invités en raffoleront!

175

1 PORTION

30 ml (1 oz) de crème de cacao
  (liqueur ou sirop)
30 ml (1 oz) de crème de menthe
  (liqueur ou sirop)
60 à 113 ml (2 à 4 oz) d'espresso chaud
  fraîchement préparé
Copeaux de chocolat
Chocolat à la menthe « After Eight »

- Combiner le café et les liqueurs (ou sirops) dans une tasse à cappuccino.
- Garnir de copeaux de chocolat.
- Servir immédiatement avec un chocolat « After Eight » en accompagnement.

Les **cocktails glacés** au **cappuccino**

Les cocktails glacés
au cappuccino

Les cafés et cappuccinos glacés sont les

parents fortunés du lait fouetté.

Tom Pirko, président de la firme
de boissons Bevmark

Frappéccino

Au goût onctueux de lait frappé.

1 PORTION

113 ml (4 oz) d'espresso (ou café fort)
  froid
60 à 90 ml (2 à 3 oz) de sirop
  de chocolat
½ c. à soupe de sirop de vanille
113 ml (4 oz) de lait
750 ml (3 tasses) de glace
Crème fouettée
Copeaux de chocolat

- Passer le café, les sirops, le lait et les glaçons au mélangeur jusqu'à ce que la glace soit bien pilée.
- Verser dans un grand verre bien froid.
- Garnir généreusement de crème fouettée et de copeaux de chocolat.

Lait malté au café

Délicieusement nutritif!

1 PORTION

125 ml (½ tasse) d'espresso froid
  ou de café fort
3 c. à soupe de lait malté moulu
  (saveur originale ou chocolat)
2 c. à soupe de sucre
60 ml (¼ tasse) de lait
1 banane bien mûre, épluchée
  et coupée en morceaux
4 cubes de glace
Pincée de cannelle (facultatif)

- Dans un mélangeur, combiner le café, la poudre de lait malté, le sucre et le lait.
- Ajouter la banane et les glaçons.
- Passer au mélangeur à haute vitesse jusqu'à ce que le mélange soit épais et mousseux (environ 30 sec).
- Verser dans un grand verre.
- Saupoudrer de cannelle (facultatif).

Mokaccino forêt noire

Un délice glacé à l'européenne.

1 PORTION

60 à 113 ml (2 à 4 oz) d'espresso
   (ou café fort) froid
1 c. à soupe de sirop de chocolat
   ou crème de cacao
1 c. à soupe de sirop ou eau-de-vie
   à la cerise
1 à 2 boules de crème glacée
   à la vanille ou au café
Crème fouettée
Cerise au marasquin
Copeaux de chocolat

GARNITURE FACULTATIVE
Napper la crème fouettée de sirop
ou liqueur de crème de menthe.

- Verser l'espresso dans un verre de 340 ml (12 oz).

- Ajouter les sirops (ou liqueurs) et la crème glacée.

- Garnir généreusement de crème fouettée.

- Coiffer le tout d'une cerise et de copeaux de chocolat.

Panaché d'espresso au cacao

Riche et délicieux!

2 PORTIONS

2 à 3 c. à soupe de sirop de chocolat
113 ml (4 oz) de lait
250 ml (8 oz) d'espresso froid
½ c. à café (½ c. à thé) de vanille
Crème fouettée sucrée

- Mélanger le sirop de chocolat et le lait jusqu'à ce que le sirop soit complètement dissous.

- Combiner le café froid, le lait au chocolat et la vanille.

- Verser dans des grands verres glacés.

- Garnir de crème fouettée.

Café glacé au yogourt

Un délice sain et rafraîchissant !

1 PORTION

90 à 113 ml (3 à 4 oz) d'espresso froid
175 ml (¾ tasse) de yogourt glacé
   sans gras
125 ml (½ tasse) de glaçons
1 ½ c. à soupe de sucre

- Combiner les ingrédients et passer au mélangeur jusqu'à ce que la mixture devienne homogène et veloutée.

- Verser dans un grand verre et servir immédiatement.

Panaché santé au cappuccino

Un goûter ou dessert nutritif.

4 PORTIONS

2 contenants de 170 ml (6 oz) chacun
   de yogourt sans gras à saveur de
   cappuccino
250 ml (1 tasse) de lait écrémé
500 ml (2 tasses) de crème glacée
   faible en gras à saveur de café
Cannelle ou cacao moulu

- Combiner les ingrédients (sauf le cacao moulu ou la cannelle) et passer au mélangeur jusqu'à l'obtention d'une texture lisse et veloutée.

- Verser dans des verres.

- Saupoudrer de cacao ou de cannelle.

Vous pouvez remplacer le lait par du lait de soja ou de riz, et la crème glacée par le dessert glacé au riz Rice Dream(MC).

Cappuccino glacé au Slim-Fast^{MC}

Merci à Clay Frotten, cuisinier rondelet et auteur de cette recette.

1 PORTION

1 boîte de Slim-Fast^{MC} de 325 ml (11 oz)
60 ml (2 oz) d'espresso (ou de café fort)
   froid

- Combiner le Slim-Fast^{MC} et l'espresso dans un mélangeur.
- Passer au mélangeur jusqu'à ce que la mixture devienne lisse et légèrement mousseuse.
- Verser dans un grand verre.

Pour une variante chaude de ce cocktail, faites mousser le Slim-Fast^{MC}, puis ajoutez de l'espresso chaud.

Nirvana à l'espresso

Un cocktail glacé paradisiaque !

1 PORTION

90 à 113 ml (3 à 4 oz) d'espresso froid
30 ml (1 oz) d'amaretto (sirop ou
   liqueur)
90 ml (3 oz) de yogourt ou de boisson
   au yogourt
500 ml (2 tasses) de glace pilée
Crème fouettée au chocolat
   (voir p. 223)

- Combiner tous les ingrédients, sauf la crème fouettée.
- Passer la mixture au mélangeur jusqu'à ce qu'elle soit lisse.
- Verser dans un verre de 500 ml (16 oz).
- Garnir de crème fouettée au chocolat.

Panaché glacé au cappuccino

À savourer lentement!

1 PORTION

1 petite banane (ou ½ grosse banane)
60 ml (2 oz) d'espresso froid
1 boule de crème glacée au café
175 ml (¾ tasse) de glace en cubes
Crème fouettée
Copeaux de chocolat

- Combiner tous les ingrédients, sauf la crème fouettée et les copeaux de chocolat.

- Passer la mixture au mélangeur jusqu'à ce qu'elle soit lisse.

- Verser dans un grand verre.

- Garnir de crème fouettée et de copeaux de chocolat.

Espressotini à la vanille

Un martini glacé énergisant!

1 PORTION

15 ml (½ oz) de café espresso
30 ml (1 oz) de liqueur de café (Kahlua)
30 ml (1 oz) de liqueur à la crème irlandaise (Bailey's)
30 ml (1 oz) de vodka à la vanille

- Combiner les ingrédients dans un shaker rempli de glace.

- Secouer, puis verser en filtrant la glace dans un verre à martini refroidi.

- Garnir de chocolat en paillettes.

183

Café glacé thaïlandais

Une boisson unique et décadente!

1 PORTION

375 ml (1 ½ tasse) d'espresso froid
  ou de café fort
I c. à soupe de lait condensé sucré
I c. à soupe de cassonade ou
  de sucre brun
Une pincée de cannelle
Une pincée de clou de girofle concassé
Crème légère (facultatif)

- Combiner les ingrédients.

- Mélanger en remuant bien.

- Verser la mixture dans un grand verre contenant des glaçons.

- Remuer de nouveau et additionner de crème légère si désiré.

Lait frappé au cappuccino

Délicieux comme dessert ou comme goûter.

6 PORTIONS

500 ml (2 tasses) d'espresso froid
  ou de café fort
500 ml (2 tasses) de crème glacée
  ou de sorbet au café
300 ml (1 ¼ tasse) de lait
1,5 litre (6 tasses) de glace pilée
Crème fouettée
Cannelle moulue
Cacao moulu

- Combiner l'espresso, la crème glacée, le lait et la glace.

- Passer au mélangeur jusqu'à l'obtention d'une texture lisse et homogène.

- Verser dans des grands verres à pied.

- Garnir d'une cuillerée de crème fouettée et saupoudrer de cannelle et de cacao.

Pour une variante au moka, remplacez la crème glacée au café par de la crème glacée au chocolat et utilisez du lait au chocolat au lieu du lait régulier. Garnir de copeaux de chocolat.

Flotteur au café

Pétillant et savoureux!

1 PORTION

3 c. à soupe de sirop de café
   (voir p. 214)
2 c. à soupe de lait
½ c. à café (½ c. à thé) de vanille
2 boules de crème glacée au café
125 ml (½ tasse) de soda ou
   d'eau minérale pétillante
Crème fouettée
Copeaux de chocolat

- Combiner le sirop de café, le lait et la vanille dans un grand verre refroidi.
- Mélanger à l'aide d'une cuillère.
- Ajouter les boules de crème glacée à la mixture.
- Remplir le reste du verre de soda ou d'eau minérale pétillante, puis remuer doucement.
- Garnir de crème fouettée et de copeaux de chocolat.

Espresso fouetté à l'amaretto

Au goût d'amande et de café.

1 PORTION

15 ml (½ oz) d'amaretto (sirop
   ou liqueur)
15 ml (½ oz) de Kahlua
170 ml (6 oz) d'espresso froid
   ou de café fort
½ boule de crème glacée au chocolat
Crème fouettée
Copeaux de chocolat

- Combiner le sirop (ou la liqueur), l'espresso et la crème glacée.
- Passer au mélangeur jusqu'à l'obtention d'une texture lisse et veloutée.
- Garnir de crème fouettée et de copeaux de chocolat.
- Servir immédiatement.

Pour une variante non alcoolisée, utilisez du sirop à saveur d'amaretto et omettez le Kahlua.

185

Cappuccino glacé aux biscuits Oreo

Monsieur Christie, vous faites de bons… cappuccinos!

1 PORTION

60 à 113 ml (2 à 4 oz) d'espresso froid
125 ml (½ tasse) de lait
2 ou 3 biscuits Oreo
300 ml (1 ¼ tasse) de glace pilée
Copeaux de chocolat (facultatif)

- Combiner l'espresso, le lait, les biscuits et la glace.

- Passer au mélangeur jusqu'à l'obtention d'une texture lisse (ajouter du lait au besoin).

- Servir dans un grand verre avec une paille.

- Garnir de copeaux de chocolat si désiré.

Cocktail tropical au café

À siroter par temps de canicule.

1 PORTION

250 ml (1 tasse) d'espresso ou de café
   fort froid
60 ml (¼ tasse) de lait ou de crème
¼ c. à café (¼ c. à thé) d'essence
   de rhum, ou 30 ml (1 oz) de rhum léger
Glace concassée
Eau minérale gazeuse (très froide)
Sirop de sucre (voir p. 215)

- Combiner le café, le lait et l'essence de rhum, puis laisser refroidir au frigo.

- Verser la mixture dans un grand verre rempli de glace concassée.

- Ajouter l'eau minérale (quantité au goût).

- Ajouter du sirop de sucre au goût.

- Remuer doucement et servir.

Café vietnamien

Un heureux mariage de café et de lait sucré onctueux.

1 PORTION

75 ml (⅓ tasse) de lait condensé sucré
3 c. à soupe de café (mouture française)
175 ml (¾ tasse) d'eau bouillante

- Verser le lait condensé dans une tasse ou un verre de 250 ml (8 oz).

- Déposer la mouture dans un filtre de type Melitta.

- Placer le filtre directement sur la tasse.

- Verser l'eau bouillante sur la mouture de façon que le café s'égoutte lentement sur le lait.

- Une fois l'infusion terminée, remuer doucement la mixture.

- Ajouter des glaçons et/ou de la crème fouettée si désiré.

PRÉPARATION ALTERNATIVE

Préparez le café dans une cafetière à piston de style Bodum, puis versez doucement le café infusé dans la tasse qui contient le lait condensé. Remuez le tout et savourez !

Merci à Toni Siegel de Sedona, Arizona, qui m'a confié cette recette.

Martini jamaïcain au café

Une spécialité des Caraïbes.

1 PORTION

45 ml (1 ½ oz) de rhum ambré
45 ml (1 ½ oz) de liqueur de café
  (Kahlua)
90 à 113 ml (3 à 4 oz) d'espresso froid
  ou de café fort
Crème moitié-moitié

- Combiner les ingrédients (sauf la crème) dans un shaker et secouer.
- Verser dans un verre à martini givré.
- Garnir d'une goutte de crème moitié-moitié.

Espresso frappé

Rafraîchissant de simplicité.

6 PORTIONS

750 ml (3 tasses) d'espresso froid
1,5 litre (6 tasses) de glace
6 bâtonnets à cocktail en sucre
6 quartiers de citron

- Passer l'espresso et la glace au mélangeur jusqu'à l'obtention d'une texture lisse.
- Déposer les bâtonnets à cocktail dans des verres de 170 ml (6 oz).
- Remplir les 6 verres de mixture glacée à l'espresso.
- Garnir chaque verre d'un quartier de citron.

Mokaccino fouetté

Bien frais et chocolaté !

2 PORTIONS

150 ml (⅔ tasse) de lait
150 ml (⅔ tasse) d'espresso froid sucré
2 boules de crème glacée au café
2 boules de crème glacée au chocolat
30 ml (1 oz) de Kahlua
30 ml (1 oz) de sirop B-52 ou
de crème de cacao
Copeaux de chocolat

- Passer tous les ingrédients (sauf les copeaux de chocolat) au mélangeur jusqu'à l'obtention d'une texture crémeuse.
- Verser dans 2 grands verres refroidis.
- Garnir de copeaux de chocolat.
- Servir avec des pailles.

Pour une variante non alcoolisée, omettez le Kahlua.

Martini au Xanté

Le Xanté est une liqueur danoise à base de cognac et de poires.

1 PORTION

4 c. à café (4 c. à thé) de Xanté
100 ml (3 ½ oz) de lait froid
4 c. à soupe de mélange à cappuccino
instantané
1 c. à café (1 c. à thé) de sirop ou
de sauce au chocolat
1 fraise fraîche

- Secouer ou mélanger le Xanté, le lait et la poudre de cappuccino.
- Décorer l'intérieur du verre d'une spirale de sauce au chocolat.
- Garnir d'une fraise fraîche.

Martiniccino à la vanille

Un savoureux martini au cappuccino !

1 PORTION

45 ml (1 ½ oz) d'espresso très froid
15 ml (½ oz) de sirop à la vanille Monin
45 ml (1 ½ oz) de vodka
30 ml (1 oz) de crème moitié-moitié
Glaçons

GARNITURES FACULTATIVES
Sauce au chocolat
Cacao moulu

- Remplir un shaker de glace.

- Ajouter les ingrédients et secouer vigoureusement pendant 15 sec.

- Filtrer et verser dans un verre à martini refroidi et décoré d'une spirale de sauce au chocolat.

- Saupoudrer de cacao moulu.

Courtoisie des sirops Georges Monin inc. (www.monin.com).

Martini glacé à l'italienne

Un cocktail traditionnel enivrant.

1 PORTION

45 ml (1 ½ oz) d'espresso ou de café fort
45 ml (1 ½ oz) de sirop B-52 ou de Kahlua
45 ml (1 ½ oz) de sirop ou de vodka au café (voir p. 192)
45 ml (1 ½ oz) de sirop ou de vodka à la vanille

- Combiner les ingrédients dans un shaker.

- Secouer ou remuer.

- Servir dans un verre à martini refroidi.

Barbotine à l'espresso

Glacé et stimulant!

3 PORTIONS

125 ml (½ tasse) d'espresso froid
  ou de café fort
750 ml (3 tasses) de glace
3 bâtonnets à cocktail en sucre
3 quartiers de citron

- Combiner l'espresso et la glace.
- Passer au mélangeur jusqu'à l'obtention d'une texture lisse.
- Déposer les bâtonnets à cocktail dans 3 verres à pied givrés.
- Verser la mixture dans les verres et garnir d'un quartier de citron et de pailles.

Panaché à l'espresso

Un cocktail pétillant et désaltérant.

1 PORTION

250 ml (1 tasse) d'espresso froid
Glace concassée
Eau minérale gazeuse ou soda
Crème légère ou sirop de chocolat
  (facultatif)

- Verser l'espresso dans un grand verre rempli de glace concassée ou de glaçons.
- Ajouter le soda ou l'eau minérale gazeuse.
- Mélanger le tout en remuant bien.
- Ajoutez 30 à 60 ml (1 à 2 oz) de crème légère ou de sirop de chocolat si désiré.

191

Café champagne

Le cocktail des grandes occasions.

1 PORTION

45 ml (1 ½ oz) de café refroidi
75 ml (2 ½ oz) de vodka au café
  (voir ci-dessous)
Un doigt de champagne ou de vin
  mousseux

- Verser le café refroidi et la vodka dans un verre à martini.
- Ajouter le champagne ou le vin mousseux.
- Mélanger les ingrédients en remuant doucement.
- Garnir d'un zeste de citron enroulé autour d'un grain de café.

Mokaccino glacé à la menthe

Un cocktail qui ravigote et rafraîchit tout à la fois.

4 PORTIONS

250 ml (8 oz) d'espresso froid
  ou de café fort
500 ml (2 tasses) de crème glacée
  au chocolat ou moka
60 ml (¼ tasse) de crème de menthe
  ou de sirop au chocolat et à la menthe
Crème fouettée
1 chocolat à la menthe

- Combiner l'espresso, la crème glacée et la crème de menthe.
- Passer au mélangeur à basse vitesse jusqu'à l'obtention d'une texture veloutée.
- À l'aide d'une cuillère, verser la mixture dans des verres à vin ou des coupes à sorbet.
- Garnir chaque portion d'une cuillerée de crème fouettée et d'un chocolat à la menthe.

Recette de la vodka au café:

Faire tremper 60 g (¼ tasse) de grains de café entiers non aromatisés dans 250 ml (1 tasse) de vodka pendant 2 ou 3 jours. Filtrer ensuite pour retirer les grains de café. La vodka aura alors pris le goût du café.

Lait fouetté au chocolat et à l'espresso

Le lait fouetté des gens sophistiqués.

2 PORTIONS

125 ml (½ tasse) d'espresso chaud
  fraîchement préparé
1 tablette de chocolat au lait de 47 g
  (1 ⅔ oz), coupée en morceaux
5 à 6 glaçons
500 ml (2 tasses) de crème glacée
  à la vanille
Chocolat râpé en garniture

- Combiner l'espresso et les morceaux de chocolat dans un mélangeur.

- Lorsque le chocolat commence à ramollir, ajouter les glaçons et passer au mélangeur jusqu'à l'obtention d'une texture lisse.

- Ajouter la crème glacée, puis continuer de battre au mélangeur.

- Verser dans deux verres.

- Garnir de chocolat râpé.

Barbotine au cappuccino

Un délice riche et onctueux !

2 PORTIONS

60 ml (¼ tasse) d'espresso froid
175 ml (¾ tasse) de lait ou de crème
  glacée
175 ml (¾ tasse) de glace en cubes
  ou concassée
2 c. à café (2 c. à thé) de sucre
2 c. à café (2 c. à thé) de sirop
  de chocolat

- Combiner les ingrédients et passer au mélangeur jusqu'à l'obtention d'une texture épaisse et veloutée.

- Servir immédiatement.

193

Espresso frappé à l'amaretto

À savourer quand il fait chaud.

1 PORTION

Glace concassée
60 ml (2 oz) d'espresso froid
30 ml (1 oz) d'amaretto (sirop ou
   liqueur)
125 ml (½ tasse) de lait froid

- Remplir un verre de taille moyenne de glace concassée, jusqu'à la moitié.

- Ajouter l'espresso, puis l'amaretto, et enfin le lait froid.

- Remuer et servir immédiatement.

Mokaccino glacé à l'orange

Un cocktail à l'arôme capiteux.

1 PORTION

113 à 170 ml (4 à 6 oz) de lait froid
2 à 4 glaçons au café (voir p. 195)
60 ml (2 oz) d'espresso froid
1 c. à café (1 c. à thé) de sirop
   de chocolat
60 ml (2 oz) de sirop de caramel
60 ml (2 oz) de jus d'orange
30 à 60 ml (1 à 2 oz) de liqueur
   ou sirop à l'orange

- Verser le lait dans un grand verre contenant les glaçons au café.

- Fouetter les autres ingrédients jusqu'à ce qu'ils soient bien mélangés.

- Verser la mixture dans le verre.

- Remuer et savourer.

194

Café moka au brandy

Un cocktail audacieux, à la fois frais et vivifiant.

2 PETITES PORTIONS OU
1 GRANDE PORTION

55 g (2 oz) de chocolat mi-sucré
  de qualité
12 à 15 glaçons au café (voir p. 195)
250 ml (1 tasse) de lait
2 c. à soupe de brandy (liqueur ou
  essence)

- Faire fondre le chocolat.
- Combiner les glaçons au café, le lait, le chocolat fondu et le brandy.
- Passer au mélangeur jusqu'à ce que la mixture devienne mousseuse.
- Servir immédiatement.

Cappuccino glacé

Un grand classique !

2 PORTIONS

250 ml (1 tasse) d'espresso ou de café
  fort
170 ml (6 oz) de lait froid
2 c. à soupe de sucre
2 c. à soupe de sirop de café (voir p. 214)

- Verser le café dans un bac à glace et mettre au congélateur jusqu'au lendemain*.

LE LENDEMAIN
- Combiner les glaçons au café, le lait, le sucre et le sirop de café.
- Passer au mélangeur jusqu'à l'obtention d'une texture lisse et homogène.
- Verser dans des verres refroidis.
- Servir immédiatement.

*Retenez bien cette recette ! Les glaçons au café entrent dans la composition d'autres cocktails.

Les **cocktails festifs**

Les cocktails
festifs

De Noël à la Saint-Valentin en passant
par l'Action de grâces, ces cocktails au
café sont spécialement conçus pour les
jours de fête !

Cappuccino Cupidon

À savourer en tête-à-tête à la Saint-Valentin.

2 PORTIONS

113 ml (4 oz) d'espresso chaud
  fraîchement préparé
30 ml (1 oz) de sirop de chocolat
  ou de crème de cacao
30 ml (1 oz) de crème de menthe
  (sirop ou liqueur)
30 ml (1 oz) d'amaretto (sirop ou
  liqueur)
Sucre (facultatif)
250 ml (8 oz) de lait mousseux
Crème fouettée

- Verser l'espresso et les sirops (ou liqueurs) dans deux tasses en verre. Ajouter du sucre si désiré.

- Coiffer la mixture de mousse de lait.

- Garnir de crème fouettée

- Servir en accompagnant d'un doux baiser.

Le latte des amoureux

Un authentique philtre d'amour !

1 PORTION

4 c. à café (4 c. à thé) de sucre
60 ml (2 oz) d'espresso chaud
  fraîchement préparé ou de café fort
45 ml (1 ½ oz) de Xanté (liqueur
  au cognac et aux poires)
4 ou 5 cubes de glace
113 ml (4 oz) de lait froid

- Dissoudre le sucre dans l'espresso et laisser refroidir.

- Incorporer le Xanté (ou sirop aux fruits), la glace et le lait.

- Fouetter, puis secouer ou remuer.

- Verser dans un grand verre.

Latte « volupté »

À partager en compagnie de l'âme sœur.

2 PORTIONS

15 ml (½ oz) de sirop de vanille,
  de Bailey's ou de Tia Maria
15 ml (½ oz) de sirop de caramel
  ou de Cointreau
113 ml (4 oz) de lait vapeur chaud
60 ml (2 oz) d'espresso chaud
  fraîchement préparé
Crème fouettée moelleuse

• Verser les sirops ou liqueurs dans deux tasses en verre.

• Ajouter le lait chaud. NE PAS REMUER.

• Incorporer l'espresso à la mixture.

• Coiffer d'une cuillerée de crème fouettée et accompagner d'un baiser.

Passion glacée

Un délice glacé qui fouette les sens et éveille les passions!

1 PORTION

60 ml (2 oz) d'espresso froid
15 ml (½ oz) de sirop de chocolat
  ou de crème de cacao
15 ml (½ oz) de sirop de noisette
  ou de Frangelico
125 ml (½ tasse) de glace concassée
250 ml (1 tasse) de crème fouettée
Cacao moulu

• Combiner l'espresso, les sirops ou liqueurs, la glace concassée et la crème fouettée. (Réserver 1 ou 2 c. à soupe de crème fouettée pour la garniture.)

• Passer la mixture au mélangeur jusqu'à ce qu'elle devienne épaisse et mousseuse.

• Verser dans un grand verre et garnir de crème fouettée.

• Saupoudrer de cacao moulu.

Philtre d'amour au cappuccino

Savourez… et laissez la magie opérer !

2 PORTIONS

30 ml (1 oz) de sirop d'amande
   ou de Grand Marnier
30 ml (1 oz) de sirop de noisette
   ou de Frangelico
250 ml (8 oz) de lait froid
113 ml (4 oz) d'espresso chaud
   fraîchement préparé ou de café fort
Cannelle ou cacao moulu

- Verser les sirops ou liqueurs dans deux tasses à latte de 340 ml (12 oz) chacune.

- Faire mousser le lait au bec vapeur jusqu'à ce qu'il ait doublé de volume.

- Verser l'espresso chaud dans les tasses contenant les sirops ou liqueurs.

- Coiffer le tout de mousse de lait.

- Saupoudrer de cannelle ou de cacao.

- Servir immédiatement.

Latte à la crème irlandaise

Parfait pour célébrer la Saint-Patrick.

1 PORTION

60 ml (2 oz) d'espresso chaud
   fraîchement préparé
30 ml (1 oz) de sirop ou liqueur à la
   crème irlandaise
170 à 250 ml (6 à 8 oz) de lait vapeur
Crème fouettée
Sirop ou liqueur à la crème irlandaise
   en garniture

- Combiner l'espresso et le sirop (ou liqueur) dans une tasse à latte de 340 ml (12 oz).

- Incorporer le lait vapeur à la mixture.

- Garnir de crème fouettée.

- Napper de sirop ou liqueur à la crème irlandaise.

201

Lutin glacé au café

Un autre classique de la Saint-Patrick.

1 GRANDE PORTION OU
2 PETITES PORTIONS

60 ml (2 oz) de sirop de sucre
  (voir p. 215)
60 à 113 ml (2 à 4 oz) d'espresso froid
  ou de café fort
60 ml (2 oz) de whisky irlandais
  (facultatif)
60 ml (2 oz) de crème légère
200 ml (2 tasses) de glace concassée

- Combiner les ingrédients et passer au mélangeur jusqu'à l'obtention d'une texture lisse.

- Verser dans un grand verre refroidi.

Latte de l'Action de grâces

Sa saveur d'orange est une vraie bénédiction!

1 PORTION

170 à 250 ml (6 à 8 oz) de crème moitié-
  moitié
20 ml (¾ oz) de Grand Marnier
  ou de sirop à l'orange
7 ml (¼ oz) d'amaretto (liqueur ou sirop)
60 ml (2 oz) d'espresso chaud fraîchement
  préparé
Crème fouettée
Paillettes de couleur orangée
  en garniture

- Faire mousser la crème au bec vapeur.

- Verser les sirops ou liqueurs dans une tasse à latte ou à cappuccino de 340 ml (12 oz). Ajouter l'espresso.

- Coiffer la mixture de crème mousseuse.

- Si désiré, garnir de crème fouettée et décorer de paillettes orangées.

Latte à la citrouille

Célébrez l'Halloween en savourant ce café hallucinant.

1 PORTION

15 ml (½ oz) de sirop Torani à saveur
   de gâteau au fromage
15 ml (½ oz) de sirop Torani à saveur
   de citrouille
250 ml (8 oz) de lait
45 à 90 ml (1 ½ à 3 oz) d'espresso

- Passer les sirops et le lait au bec vapeur jusqu'à ce que le mélange soit chaud et mousseux et qu'il ait doublé de volume.

- Verser dans un verre résistant à la chaleur.

- Ajouter l'espresso chaud.

- Coiffer d'une couche de mousse.

Courtoisie de R. Torre & Company (www.torani.com)

Sortilège à l'espresso : un poème d'Halloween

Alors que sur les flammes chauffe la marmite

Infuse à grande pression quelque mouture maudite

Et quand moussera le lait à gros bouillons

Ajoute une pincée de sucre, de cacao à cette émulsion

Sachant que pour un surplus de maléfice

Cannelle et muscade feront office.

Dès qu'à tes mortelles narines parviendront

Les arômes de cette infernale concoction

À tes lèvres aussitôt tu la porteras

Savourant cet espresso de sorcière

Délicieux sortilège qui tout droit

Au paradis t'emmènera.

203

Cappuccino de Noël

Un doux cantique liquide.

1 PORTION

113 ml (4 oz) de lait de poule
60 ml (2 oz) d'espresso chaud
   fraîchement préparé
15 ml (½ oz) de sambuca (facultatif)
15 ml (½ oz) d'Advocaat, une liqueur
   onctueuse à base de jaunes d'œufs
   (facultatif)
Crème fouettée
Cannelle ou muscade
Bâton de cannelle
Pailles rouges et vertes

- Passer le lait de poule au bec vapeur jusqu'à ce qu'il ait doublé de volume. Le verser ensuite dans une tasse en verre.

- Incorporer l'espresso en le versant doucement sur le bord de la tasse.

- Verser les liqueurs dans la tasse selon la même méthode.

- Coiffer le tout d'une cuillerée de crème fouettée.

- Saupoudrer de cannelle ou de muscade.

- Garnir d'un bâton de cannelle et/ou de pailles rouges et vertes posées en travers de la tasse. Servir immédiatement.

Espresso « Nez rouge »

Un cocktail festif qui vous redonnera des couleurs !

1 PORTION

7 ml (¼ oz) de Tia Maria
7 ml (¼ oz) de Bailey's
7 ml (¼ oz) de Grand Marnier
7 ml (¼ oz) de Frangelico
7 ml (¼ oz) de crème de cacao foncée
145 à 170 ml (5 à 6 oz) d'espresso chaud
   ou de café fort
Crème fouettée
Bâton de cannelle

- Verser les liqueurs dans un gobelet ou une tasse en verre.

- Remplir la tasse de café chaud.

- Remuer une seule fois pour faire remonter les liqueurs.

- Coiffer de crème fouettée.

- Garnir d'un bâton de cannelle.

Cappuccino au lait de poule

Le favori du temps des Fêtes.

4 PORTIONS

4 jaunes d'œufs
2 c. à café (2 c. à thé) de sucre
125 ml (½ tasse) d'espresso chaud
   fraîchement préparé
60 ml (2 oz) de Bailey's ou de liqueur
   à la crème de café
Une pincée de muscade
¼ c. à café (¼ c. à thé) de zeste
   de citron râpé
Crème fouettée
Cacao moulu
Zeste de citron râpé en garniture

- Mélanger les jaunes d'œufs et le sucre dans un bol jusqu'à l'obtention d'une texture homogène.

- Faire chauffer la mixture au bain-marie en remuant continuellement. Amener doucement la température à 45 °C (110 °F).

- Incorporer le café, la liqueur, la muscade et le zeste de citron en battant avec un fouet à main. Continuer de fouetter jusqu'à ce que la mixture devienne crémeuse.

- Décorer chaque portion de crème fouettée, de cacao moulu et de zeste de citron râpé.

Latte à la canne en sucre

Inspiré de la traditionnelle friandise de Noël.

1 PORTION

20 ml (¾ oz) de sirop à la cerise
   ou de kirsch
7 ml (¼ oz) de crème de menthe
   (sirop ou liqueur)
60 ml (2 oz) d'espresso chaud
   fraîchement préparé
113 à 170 ml (4 à 6 oz) de lait vapeur
Crème fouettée
Petites cannes en sucre

- Verser les sirops (ou liqueurs) et l'espresso dans une tasse à latte de 340 ml (12 oz).

- Ajouter le lait vapeur.

- Couronner de crème fouettée.

- Accrocher des petites cannes en sucre au rebord de la tasse en guise de garniture.

Latte des Fêtes à l'orange

Une boisson festive et réconfortante !

1 PORTION

113 ml (4 oz) de crème légère
    ou de lait
60 ml (2 oz) d'espresso chaud
    fraîchement préparé
20 ml (¾ oz) de Grand Marnier ou de
    sirop à l'orange
7 ml (¼ oz) d'amaretto (sirop ou liqueur)
Crème fouettée

- Passer la crème (ou le lait) au bec vapeur jusqu'à ce qu'elle devienne chaude et mousseuse et qu'elle ait doublé de volume.

- Verser dans une tasse résistante à la chaleur.

- Ajouter l'espresso et les sirops ou liqueurs.

- Garnir de crème fouettée.

Lait de poule à l'espresso

Si délicieux que vous en ferez une tradition !

1 PORTION

30 ml (1 oz) de sirop de chocolat
    ou de rhum
60 ml (2 oz) d'espresso chaud
    fraîchement préparé
113 à 170 ml (4 à 6 oz) de lait de poule
    chauffé au bec vapeur
Muscade ou cacao moulu

- Combiner le sirop de chocolat et l'espresso dans une tasse de 340 ml (12 oz).

- Remuer pour bien mélanger.

- Remplir le reste de la tasse de lait de poule chauffé au bec vapeur.

- Saupoudrer de cacao ou de muscade.

Punch des Fêtes au café

Vos invités en redemanderont !

35 PORTIONS

250 ml (1 tasse) de crème à fouetter
  (35 %)
¼ c. à café (¼ c. à thé) de sel
120 g (½ tasse) de sucre
¼ c. à café (¼ c. à thé) d'essence
  d'amande
½ c. à café (½ c. à thé) de vanille
1 litre (4 tasses) d'espresso froid
  ou de café fort
1 litre (4 tasses) de crème glacée
  à la vanille
1 litre (4 tasses) de crème glacée
  au chocolat
½ c. à café (½ c. à thé) de muscade
¼ c. à café (¼ c. à thé) de cannelle

- Fouetter la crème séparément dans un bol.

- Tout en fouettant, incorporer progressivement le sel, le sucre, l'essence d'amande et la vanille.

- Verser le café froid dans un bol à punch.

- Incorporer graduellement la crème glacée à la vanille et au chocolat.

- Incorporer la crème fouettée.

- Saupoudrer de muscade et de cannelle.

Les *sirops aromatisés* : recettes et conseils

Les sirops aromatisés sont décidément très en vogue de nos jours. L'éventail de saveurs qu'ils proposent permet à l'amateur de déguster, voire de créer des cocktails au café d'un raffinement et d'une originalité sans égal. À peu près n'importe quelle saveur de sirop aromatisé imaginable peut être ajoutée à un espresso, à un latte ou à un cappuccino. Il est également possible de créer des mokaccinos crémeux et savoureux en mélangeant sirops aromatisés et sirops de chocolat. Quelle que soit leur utilisation, les sirops aromatisés conféreront richesse et onctuosité à vos créations caféinées.

Fatigué du café ordinaire ? Eh bien, il est temps pour vous de jouer les baristas ! Explorez de nouvelles avenues de saveur et créez des boissons inédites à base d'espresso et de sirops aromatisés.

Allez-y, gâtez-vous et affinez votre palais en additionnant vos cafés chauds ou glacés d'un arôme délicat. Les saveurs de sirop aromatisé les plus populaires sont :

Vanille, noisette, amande, moka (ou chocolat bavarois), crème irlandaise, amaretto, B-52, chocolat blanc, crème caramel, Frangelico (noisette/vanille), framboise et toffee.

Les sirops fruités – à saveur d'orange ou de framboise, par exemple – se marient généralement très bien au goût du café.

En plus de stimuler votre imagination, les conseils et recettes suivants vous permettront d'étoffer votre répertoire de cafés spécialisés.

Quelques conseils d'utilisation

- Les sirops aromatisés seront idéalement ajoutés à un café ou espresso chaud, ce qui permettra aux saveurs de mieux se mélanger. N'oubliez surtout pas de bien remuer la mixture. Dans le cas d'une boisson au café à base de lait, aromatisez l'espresso, ajoutez le lait, puis remuez de nouveau.

- Quand on prépare un café spécialisé chaud, on peut incorporer les sirops au lait avant de passer celui-ci au bec vapeur. Laissez ensuite reposer la mixture pendant que vous préparez l'espresso. La vapeur rehaussera la saveur du mélange de lait et de sirop.

- Le sirop aromatisé remplacera avantageusement le sucre ou ses succédanés dans vos boissons au café. N'ajoutez pas trop de sirop afin de préserver la saveur du café. 2 c. à café (2 c. à thé) de sirop équivalent à 1 c. à café (1 c. à thé) de sucre. À quantité égale, un sirop ajoutera beaucoup plus de saveur à votre café que le sucre.

- Vous pouvez créer de nouveaux parfums alcoolisés en combinant sirop aromatisé et vodka. La proportion sera ici d'une part de vodka pour une part de sirop. En additionnant par exemple la vodka d'un sirop à la noisette et/ou à la crème de menthe, vous obtiendrez une liqueur capiteuse qui agrémentera merveilleusement vos cafés et desserts. Un mélange de vodka et de sirop au chocolat noir s'harmonisera admirablement à vos cappuccinos.

- On peut aisément confectionner toute une variété de cafés glacés en utilisant différents sirops aromatisés. Versez tout simplement 30 ml (1 oz) de votre sirop préféré dans un verre ou une tasse de 340 ml (12 oz), ajoutez 30 à 60 ml (1 à 2 oz) d'espresso ou de café fort, puis des glaçons. Remuez bien et remplissez le reste du verre de lait froid. Couronnez le tout de crème fouettée, si désiré. Garnir d'une cerise, de copeaux de chocolat ou de cannelle.

- Pour chaque portion individuelle de 145 à 170 ml (5 à 6 oz) de cappuccino, de latte ou de café au lait, ajoutez 1 ou 2 c. à café (1 ou 2 c. à thé) de sirop aromatisé. Pour une portion de 45 ml (1 ½ oz) d'espresso, ajoutez 1 c. à café (1 c. à thé) de sirop. Vous pouvez bien entendu ajuster la quantité de sirop au goût.

- Confectionnez en toute simplicité de savoureux cafés moka en ajoutant 2 c. à soupe de sirop au chocolat noir (ou blanc) à un mélange d'espresso et de lait vapeur. Pour une variante froide de cette recette, versez le café moka chaud dans un grand verre rempli de glaçons — ou, mieux encore, de glaçons au café ! (voir p. 195)

- Il est également possible de créer de rafraîchissants laits fouettés ou frappés en combinant des sirops aromatisés à divers ingrédients. Le lait fouetté au moka, par exemple, est composé de 625 ml (2 ½ tasses) de crème glacée à la vanille, de 60 ml (2 oz) d'espresso et de 30 ml (1 oz) de sirop au chocolat. Il suffit de passer ces ingrédients au mélangeur pour obtenir une boisson riche et onctueuse.

- Offrez-vous un voluptueux frappéccino aux fruits en combinant 425 ml (1 ¾ tasse) de glace, 50 g (¼ tasse) de mûres, 60 ml (2 oz) de sirop à la framboise et 30 à 60 ml (1 à 2 oz) d'espresso. Passez la mixture au mélangeur jusqu'à ce qu'elle présente une texture lisse et homogène.

- Sucrez vos cafés froids ou glacés avec du sirop de sucre (voir recette p. 215). Le sirop de sucre se dissout mieux que le sucre granulé dans les liquides froids.

Sirop au chocolat

Un classique absolument irrésistible.

DONNE 425 ML (1 ¾ TASSE)

360 g (1 ½ tasse) de sucre granulé
250 ml (1 tasse) de cacao moulu tamisé
  et non sucré
Quelques grains de sel
250 ml (1 tasse) d'eau
2 c. à café (2 c. à thé) de vanille

- Combiner le sucre, le cacao et le sel dans une casserole.

- Bien mélanger.

- Incorporer l'eau graduellement en remuant (et non en fouettant) avec un fouet à main.

- Chauffer à feu moyen en remuant fréquemment avec le fouet, jusqu'à ce que la mixture arrive à ébullition. Il est possible qu'une couche de mousse se forme à la surface du sirop.

- Laisser bouillir 3 min en remuant constamment. Réduire le feu au besoin pour éviter que la casserole ne déborde.

- Retirer du feu et verser dans une tasse à mesurer résistante à la chaleur ayant une capacité d'au moins 750 ml (3 tasses).

- Laisser reposer brièvement, puis réfrigérer sans couvrir jusqu'à ce que le sirop soit bien froid.

- Filtrer à travers une passoire fine en recueillant dans un contenant de 625 ml (2 ½ tasses).

- Incorporer la vanille.

- Couvrir et conserver au réfrigérateur.

213

Sirop de café

Idéal pour aromatiser les cafés glacés, ce sirop polyvalent peut aussi être utilisé pour napper un dessert ou une coupe de crème glacée.

DONNE ENVIRON 250 ML (1 TASSE)
DE SIROP

500 ml (2 tasses) de café fort ou
   d'espresso chaud fraîchement préparé
320 g (1 ⅓ tasse) de sucre
1 gousse de vanille coupée dans le sens
   de la longueur
75 ml (⅓ tasse) de grains de café noir
   légèrement concassés
⅛ c. à café (⅛ c. à thé) de sel

- Combiner le café, le sucre, la gousse de vanille, les grains de café et le sel dans une casserole.

- Cuire à feu doux en remuant fréquemment, jusqu'à ce que le sucre soit dissous.

- Amener à ébullition, puis faire cuire à feu moyen sans remuer 4 min, ou jusqu'à ce que la mixture devienne épaisse et sirupeuse.

- Retirer du feu, puis laisser refroidir complètement.

- Passer la mixture au tamis en la laissant s'égoutter dans un bol.

- Jeter les grains de café. Conserver la gousse de vanille en vue d'un usage ultérieur.

- Couvrir avec du papier cellophane et réfrigérer jusqu'à utilisation.

Recette de sucre à la vanille

Lavez et séchez la gousse de vanille utilisée dans la confection du sirop de café,
puis enfouissez-la profondément dans un récipient de 1,5 litre (6 tasses)
rempli de sucre granulé. Couvrez ensuite le récipient et mettez de côté pendant 2 semaines.
Le sucre prendra alors la saveur et l'arôme délicat de la vanille.

Sirop de sucre

Un moyen idéal de sucrer vos cafés glacés !

Sucre et eau en quantités égales

- Faire mijoter le sucre et l'eau dans une casserole jusqu'à ce que le sucre soit dissous complètement (environ 5 min).
- Laisser refroidir.
- Conserver au réfrigérateur dans un contenant hermétique.

Sirop d'espresso

Ce sirop facile à préparer constitue un autre agent de saveur indispensable en cuisine.
Il est excellent pour sucrer les cafés glacés, mais aussi pour accompagner
les crêpes, les gaufres et la crème glacée.

DONNE 250 ML (1 TASSE)

180 g (¾ tasse) de sucre blanc granulé ou de sucre à la vanille (voir recette p. 214).
60 ml (¼ tasse) d'eau
113 ml (4 oz) de café fort ou d'espresso chaud fraîchement préparé

- Combiner le sucre et l'eau dans une petite casserole et amener à ébullition. Baisser ensuite le feu et laisser mijoter 5 min.
- Retirer du feu et laisser refroidir 1 min.
- Incorporer l'espresso.
- Laisser reposer le sirop au moins 30 min avant d'utiliser.
- Ce sirop se conservera plusieurs semaines au réfrigérateur dans un contenant hermétique.

Pour un sirop plus aromatisé, ajouter 2 c. à café (2 c. à thé) de zeste d'orange râpé et 1 c. à café (1 c. à thé) de cannelle à l'espresso.

215

La crème fouettée : recettes et conseils

- Pour que la crème monte au maximum, réfrigérez le fouet et le bol à l'avance. Utilisez de la crème 35 % et assurez-vous qu'elle est très froide avant de la fouetter.

- Si vous employez un batteur électrique, réglez-le à la vitesse moyenne jusqu'à ce que la crème commence à épaissir. Réduisez alors la vitesse et observez attentivement la texture de la crème : tout comme les blancs d'œufs, la crème à fouetter ne doit pas être battue excessivement, sinon elle adoptera une texture granuleuse, voire grumeleuse. Fouettée à l'extrême, elle se transformera en beurre.

- Ajoutez le sucre, le sucre de vanille ou autre ingrédient sucré lorsque le fouet ou batteur produit de petits pics moelleux à la surface de la crème quand vous le soulevez.

- Continuez de fouetter. Vous observerez bientôt la formation de pics de consistance moyenne qui s'affaissent légèrement. À ce stade, le fouet laisse des marques dans la crème fouettée.

- La crème fouettée est prête quand les pics sont fermes et conservent leur forme.

- Pour que votre crème fouettée reste ferme plus longtemps, ajoutez-y un agent stabilisant tel le Whip it de marque Oetker, ou encore du sucre glace. Ce dernier ingrédient stabilise la crème fouettée du fait qu'il contient environ 3 % d'amidon.

- Quand vous recevez des invités, vous pouvez préparer votre crème chantilly à l'avance en procédant de la façon suivante. Une fois que votre crème fouettée est prête, transférez-la dans une poche à douille, puis étendez-la par petits tas sur une plaque à biscuits recouverte de papier aluminium. Mettez ensuite la plaque au congélateur, à découvert. Quand vos petits monticules de crème fouettée sont bien gelés, enveloppez-les individuellement dans du papier d'aluminium et remettez-les au congélateur. Ils s'y conserveront jusqu'à 2 mois.

- On peut préparer la crème fouettée jusqu'à 4 h à l'avance. Il suffit de la couvrir et de la réfrigérer jusqu'à utilisation.

- Pratique et facile d'utilisation, le siphon à crème fouettée produit une crème chantilly extraordinairement onctueuse sans l'aide d'un fouet ou d'un batteur électrique. Il suffit de verser 500 ml (2 tasses) de crème 35 % dans la bonbonne, de fixer une cartouche de gaz à la douille dispensatrice, de secouer un peu… et voilà ! il n'y a plus qu'à appuyer sur la manette ! Autre avantage de cette méthode : le siphon peut être mis au réfrigérateur, ce qui permet de conserver la crème jusqu'à deux semaines. Mais ce qui est vraiment épatant, c'est qu'il n'y a aucun bol, ustensile ou comptoir de cuisine à nettoyer ! Il suffit de bien rincer la bonbonne après utilisation. Vous trouverez cet accessoire essentiel dans à peu près tous les grands magasins et boutiques spécialisées en articles de cuisine.

- Vous pouvez parfumer vos crèmes chantilly en ajoutant 1 ou 2 c. à soupe de sirop aromatisé par 500 ml (2 tasses) de crème à fouetter. Battez ensuite jusqu'à consistance moyenne ou ferme. Saveurs suggérées : B-52, amaretto, crème caramel, moka et toffee.

Crème fouettée à la vanille

La recette européenne traditionnelle.

DONNE ENVIRON 500 ML (2 TASSES)

500 ml (2 tasses) de crème à fouetter
  35 % froide
3 c. à soupe de sucre à la vanille*

- Fouetter la crème avec un batteur électrique à vitesse moyenne, jusqu'à l'apparition de petits pics moelleux.

- Incorporer le sucre à la vanille 1 c. à soupe à la fois. Attention de ne pas trop fouetter la crème.

- Servir immédiatement ou conserver au réfrigérateur pour un maximum de 4 h.

220

* Le sucre à la vanille

- Vous trouverez du sucre à la vanille déjà préparé dans la plupart des épiceries et supermarchés.

- Vous pouvez également faire votre propre sucre à la vanille en vous référant à la recette suivante :

  Procurez-vous deux gousses de vanille (fruit du vanillier, la gousse de vanille est longue, mince et odorante) ainsi qu'un grand contenant en verre ou en métal à couvercle hermétique. Remplissez le récipient de 2 kg (8 tasses) de sucre blanc granulé, puis enfouissez profondément les gousses de vanille dans le sucre. Fermez le contenant hermétiquement et mettez-le de côté pendant 2 semaines. Durant cette période, le sucre s'imprégnera des merveilleux arômes de la vanille. En cuisine, le sucre à la vanille remplace avantageusement le sucre ordinaire et l'essence de vanille.

- Les gousses de vanille peuvent être conservées jusqu'à 6 mois et réutilisées pour confectionner d'autre sucre à la vanille.

Crème fouettée à l'espresso

Une garniture qui a du mordant !

DONNE ENVIRON 500 ML (2 TASSES)

250 ml (1 tasse) de crème à fouetter
(35 %) froide
3 c. à soupe de cassonade ou de sucre
brun
1 c. à café (1 c. à thé) d'essence
de vanille
1 c. à café (1 c. à thé) de café espresso
instantané

- Dans un bol refroidi, fouetter les ingrédients jusqu'à l'apparition de petits pics moelleux.
- Servir immédiatement ou conserver au réfrigérateur pour un maximum de 4 h.

Crème fouettée au café

Le parfait complément de tout café spécialisé.

DONNE ENVIRON 250 ML (1 TASSE)

125 ml (½ tasse) de crème à fouetter
(35 %) froide
2 c. à soupe de sucre
1 c. à soupe de café instantané

- Combiner la crème, le sucre et le café instantané.
- Fouetter.
- Réfrigérer au moins 3 h.
- Fouetter de nouveau jusqu'à l'apparition de pics à consistance ferme.
- Servir immédiatement.

Crème fouettée à la cannelle

Pour ajouter du piquant à vos cafés spécialisés.

DONNE ENVIRON 500 ML (2 TASSES)

250 ml (1 tasse) de crème à fouetter
(35 %)
3 c. à soupe de sucre glace
1 c. à café (1 c. à thé) de cannelle
moulue

- Combiner les ingrédients dans un bol.
- Fouetter jusqu'à l'apparition de pics moelleux.
- Réfrigérer en attendant de servir.

Crème fouettée au Kahlua

La crème de la crème !

DONNE 500 ML (2 TASSES)

250 ml (1 tasse) de crème à fouetter
(35 %)
100 g (½ tasse) de sucre glace tamisé
3 c. à soupe de Kahlua (liqueur ou sirop)

- Fouetter la crème dans un bol jusqu'à ce qu'elle commence à mousser.
- Incorporer graduellement le sucre glace.
- Continuer de fouetter jusqu'à l'apparition de pics moelleux.
- Incorporer le Kahlua.
- Couvrir et réfrigérer en attendant de servir.

Crème fouettée à l'espresso

Une garniture qui a du mordant!

DONNE ENVIRON **500** ML (**2** TASSES)

250 ml (I tasse) de crème à fouetter
(35 %) froide
3 c. à soupe de cassonade ou de sucre
brun
I c. à café (I c. à thé) d'essence
de vanille
I c. à café (I c. à thé) de café espresso
instantané

- Dans un bol refroidi, fouetter les ingrédients jusqu'à l'apparition de petits pics moelleux.
- Servir immédiatement ou conserver au réfrigérateur pour un maximum de 4 h.

Crème fouettée au café

Le parfait complément de tout café spécialisé.

DONNE ENVIRON **250** ML (**1** TASSE)

125 ml (½ tasse) de crème à fouetter
(35 %) froide
2 c. à soupe de sucre
I c. à soupe de café instantané

- Combiner la crème, le sucre et le café instantané.
- Fouetter.
- Réfrigérer au moins 3 h.
- Fouetter de nouveau jusqu'à l'apparition de pics à consistance ferme.
- Servir immédiatement.

221

Crème fouettée à la cannelle

Pour ajouter du piquant à vos cafés spécialisés.

DONNE ENVIRON 500 ML (2 TASSES)

250 ml (1 tasse) de crème à fouetter
(35 %)
3 c. à soupe de sucre glace
1 c. à café (1 c. à thé) de cannelle
moulue

- Combiner les ingrédients dans un bol.
- Fouetter jusqu'à l'apparition de pics moelleux.
- Réfrigérer en attendant de servir.

Crème fouettée au Kahlua

La crème de la crème !

DONNE 500 ML (2 TASSES)

250 ml (1 tasse) de crème à fouetter
(35 %)
100 g (½ tasse) de sucre glace tamisé
3 c. à soupe de Kahlua (liqueur ou sirop)

- Fouetter la crème dans un bol jusqu'à ce qu'elle commence à mousser.
- Incorporer graduellement le sucre glace.
- Continuer de fouetter jusqu'à l'apparition de pics moelleux.
- Incorporer le Kahlua.
- Couvrir et réfrigérer en attendant de servir.

Lexique des boissons

Allongé : Espresso faible contenant plus d'eau que l'espresso régulier.

Americano : Espresso allongé avec de l'eau chaude et servi en portion de 170 ml (6 oz). Le café americano s'apparente au café filtre, mais conserve le goût caractéristique de l'espresso.

Breve : Latte, mokaccino ou cappuccino dans lequel le lait a été remplacé par de la crème moitié-moitié chauffée au bec vapeur.

Café au lait : Mélange de café filtre et de lait chaud, en quantités égales.

Café filtre : Méthode de préparation économique où la mouture est déposée dans un filtre en papier, puis infusée à l'eau chaude.

Café irlandais : Boisson classique à base de café filtre, de whisky irlandais, de sucre et de crème 35 %, servie dans une tasse en verre et couronnée de crème fouettée.

Café mexicain : On ajoute de la cannelle et de la cassonade à la mouture, puis on incorpore le cacao moulu au café infusé. On couronne de crème fouettée et on le sert chaud.

Café noir : Terme utilisé en France pour désigner un espresso simple.

Cafféol : Huile essentielle extrêmement volatile exprimée durant la torréfaction, le cafféol est responsable de l'arôme et de la saveur du café.

Cappuccino : Boisson classique composée d'un tiers d'espresso, d'un tiers de lait vapeur et d'un tiers de mousse de lait.

Chiaro : Terme utilisé en Italie pour désigner un cappuccino contenant plus de lait que de café.

Con Panna : Espresso simple couronné de crème fouettée. *Con panna* signifie « avec crème » en italien.

Coretto : Espresso simple additionné d'eau-de-vie.

Espresso : Café riche et corsé élaboré en portion individuelle à partir d'une mouture fine infusée brièvement à l'eau chaude. L'eau est propulsée à travers la mouture selon une pression de 9 bars (60 kg par 2,5 cm^2 / 125 lb par po^2) et le temps d'extraction est d'environ 25 sec.

Espresso Doppio : Double espresso servi dans une tasse de 113 ml (4 oz).

Espresso Solo : Espresso simple, servi nature.

Frappé : Lait fouetté au café contenant de la glace pilée. Ce sont les Grecs qui ont inventé le frappé au café.

Granité : Mélange de café, de sirop aromatisé et de glace pilée.

Lait vapeur : Lait que l'on a fait chauffer et mousser en le passant au bec vapeur. Le lait vapeur peut être bu nature ou additionné de sirop aromatisé.

Latte : Voir Café au lait.

Macchiato : Espresso simple couronné de 2 c. à soupe de mousse de lait.

Moka : Variante chocolatée du café au lait. Un mélange de lait et de cacao moulu ou de sirop de chocolat est chauffé à la vapeur, puis additionné d'une part d'espresso.

Mokaccino : Boisson faite en quantités égales de lait au chocolat vapeur et d'espresso, le tout couronné de mousse provenant du lait au chocolat vapeur.

Ristretto : Espresso fort et intense contenant moins d'eau qu'un espresso régulier. Aussi appelé « espresso court ».

Romano : Espresso servi avec un zeste de citron frais.

Scuro : Terme utilisé en Italie pour désigner un cappuccino contenant plus de café que de lait.

Simple : Désigne un espresso régulier, préparé et servi individuellement. (Voir Espresso Solo.)

Soyaccino : Cappuccino dans lequel le lait a été remplacé par du lait de soja ou de riz.

La terminologie du café

Le lexique suivant renferme les termes qui composent le langage du café. Les définitions proposées concernent, par exemple, les variétés de café, les méthodes de préparation et les types de cafetière.

Arabica : Variété de café la plus cultivée au monde. Considéré comme le meilleur de tous les cafés, l'arabica est cultivé en haute altitude dans les régions équatoriales. Sa teneur en caféine est d'environ 1,1 %, soit deux fois moins que le robusta (2,2 %).

Barista : Personne travaillant dans un café et dont la profession consiste à manier la machine à espresso et à élaborer les différentes boissons à base de café.

Biologique, café : Café ayant été cultivé sans pesticides, fertilisants ou autres additifs chimiques. Un café doit avoir été cultivé, traité, entreposé et torréfié selon des normes établies par des agences indépendantes pour obtenir la certification biologique. Le café bio est plus dispendieux que le café régulier parce que son coût de production est plus élevé et que le producteur doit payer des frais de certification.

Caféine : Substance stimulante naturellement présente dans le café. Plus un café est foncé, moins il contient de caféine, puisque celle-ci s'évapore durant la torréfaction.

Crema : Mousse dorée apparaissant à la surface de l'espresso. Il n'y aura formation de crema que si certains principes sont respectés : il faut employer un café de qualité et une quantité exacte de mouture ; la pression et la température de l'eau doivent être optimales ; le temps d'extraction doit être réglé avec précision. La crema se forme quand les huiles et colloïdes du café, exprimés par pression, entrent en contact avec l'oxygène de l'air ambiant.

Décaféination à l'eau : Méthode de décaféination permettant de retirer la caféine du café en faisant tremper les grains dans une solution à base d'eau. Contrairement au procédé suisse qui est une version entièrement naturelle de ce type de décaféination, la décaféination à l'eau s'effectue parfois à l'aide de produits chimiques.

Dose : Quantité exacte de mouture employée pour infuser une portion d'espresso.

Équitable, café : Café pour lequel le producteur a été payé un juste prix (voir p. 125). Le réseau du commerce équitable garantit aux producteurs un prix minimum de 3,10 $ le kg (ou 1,41 $ la lb) pour leur café bio, et ce, indépendamment de son prix sur le marché mondial.

Extraction : Procédé d'infusion durant lequel les substances solubles responsables de la saveur et de l'arôme d'un café sont exprimées. Plus la mouture est fine et plus l'extraction doit se faire rapidement. À l'opposé, une grosse mouture convient à une méthode de préparation caractérisée par un temps d'extraction plus long.

Force : La saveur et la force d'un café sont deux choses bien différentes. La force d'un café dépend de la quantité d'eau utilisée pour infuser une quantité de mouture donnée. Par exemple, pour faire un café bien fort, on utilisera moins d'eau ou davantage de mouture.

227

Goûteur : Spécialiste chargé de goûter les échantillons de café et de noter leurs caractéristiques avant leur mise en marché. Ce sont les goûteurs professionnels qui évaluent l'ensemble des cafés destinés au marché mondial.

Hard bean : Appellation employée pour désigner le café cultivé en haute altitude (1200 à 1 372 m / 4000 à 4500 pi). Le café cultivé à plus de 1 372 m (4500 pi) d'altitude a droit à l'appellation *strictly hard bean* du fait qu'il pousse plus lentement et que ses grains sont plus denses et durs que ceux cultivés à moindre altitude.

Humide, méthode : L'une des deux principales méthodes de traitement du café brut. Après la récolte, les grains sont lavés, puis séchés au séchoir. Plus coûteuse et efficace que la méthode sèche, la méthode humide produit des cafés de qualité supérieure, quoique plus dispendieux.

Infusion : Procédé d'extraction à l'eau chaude des substances solubles du café.

Mélange : Mixture composée de plusieurs variétés de grains de café ; on mélange aussi parfois des cafés de torréfaction différente. Tout bon torréfacteur crée ses propres mélanges, dont lui seul a le secret.

Mousse de lait : Mousse obtenue quand le lait est chauffé et aéré au bec vapeur. Quand on le fait mousser ainsi, le lait épaissit et double de volume.

Ombre, café d': Café écologique cultivé à l'ombre d'arbres plus grands. Le café d'ombre est cultivé au sein d'un système agroforestier qui favorise la préservation de la faune et de la flore environnante.

Piston, cafetière à : Cafetière de style « Bodum » composée d'un récipient en verre et d'un filtre circulaire en métal relié à un piston. Une fois l'infusion terminée, on abaisse manuellement le piston pour séparer la mouture du café infusé. Après l'espresso, c'est le café préparé dans ce type de cafetière qui a le plus de corps et de goût.

Pompe, machine à : Machine à espresso produisant une pression d'eau élevée à l'aide d'une pompe électrique. La plupart des machines à espresso domestiques sont des machines à pompe.

Robusta : Variété de café la plus connue et la plus cultivée après l'arabica. Alors que l'arabica est apprécié pour son arôme et sa rondeur, le robusta est reconnu pour sa force et son intensité. Cette variété de café pousse très bien en basse altitude et contient deux fois plus de caféine (2,2 %) que l'arabica (1,1 %).

Sèche, méthode : L'une des deux principales méthodes de traitement du café brut. Après la récolte, les grains sont laissés à sécher au soleil durant environ 3 semaines. Cette méthode économique produit un café moins dispendieux et moins raffiné que la méthode humide.

Soft bean : Appellation désignant le café cultivé à moins de 1 200 m (4000 pi) d'altitude. Comparativement au café cultivé dans les hauteurs, le café cultivé à basse altitude arrive à maturité plus rapidement et ses grains sont plus légers et poreux.

Spécialité, café de : Café qui a été cultivé, traité et torréfié selon des normes de qualité strictes. À ne pas confondre avec le terme « café spécialisé », lequel désigne toute boisson à base de café ayant fait l'objet d'une préparation spécifique – cappuccino, mokaccino, etc.

Suisse, procédé : Méthode de décaféination à l'eau entièrement naturelle. Alors que les autres méthodes de décaféination font appel à un solvant chimique, le procédé suisse permet de retirer la caféine du café à l'aide d'un filtre au charbon.

Tasseur : Ustensile à extrémité plate utilisé pour tasser la mouture dans le filtre d'une machine à espresso.

Thermos : Contenant isolant dans lequel le café infusé reste chaud plus longtemps. Dans un thermos fermé hermétiquement, le café conservera sa saveur pendant 1 h et ne deviendra pas amer comme c'est le cas s'il est laissé sur l'élément chauffant d'une cafetière.

Vapeur, bec : Sur une machine à espresso, tube ou tuyau par lequel s'échappe la vapeur pressurisée. Le bec vapeur est utilisé pour faire chauffer ou mousser le lait.

Vapeur, lait : Lait chauffé à la vapeur. Le lait n'augmente pas en volume quand il est chauffé de cette façon.

229

Vert, café : On appelle ainsi les grains de café qui n'ont pas encore été torréfiés.

Lexique de dégustation

Le lexique suivant vous initiera au vocabulaire employé pour décrire la myriade de goûts et d'arômes propres à l'univers du café.

Acidité : Caractéristique gustative agréable qui donne au café son piquant, sa vivacité. L'acidité provient des acides qui sont libérés durant la torréfaction. Le processus de torréfaction détruit l'acidité que renferment les grains de café – c'est pourquoi les cafés pâles sont plus acides que les cafés foncés. À ne pas confondre avec l'aigreur, qui est une acidité indésirable.

Âgé : Un café âgé est un café qui a été conservé dans des conditions chaudes et humides pendant un an ou deux avant d'être torréfié. Surtout utilisés dans les mélanges, les cafés âgés ont une texture dense et une saveur douce et veloutée.

Arrière-goût : Sensation gustative qui demeure en bouche après que l'on ait avalé une gorgée de café. Un espresso de qualité supérieure aura un arrière-goût de noix dénué d'amertume qui perdurera en bouche de 10 à 15 min.

Aigreur : Caractéristique gustative peu désirable résultant généralement d'une torréfaction trop prononcée. Certaines méthodes de torréfaction surchauffent les grains de café, ce qui leur confère une certaine aigreur et un goût de brûlé.

Âpre : Se dit d'un café dur et râpeux, pourvu d'une trop forte acidité. Les cafés qui ont été récoltés avant maturité puis fermentés présentent bien souvent cette caractéristique.

Arôme : Sensation olfactive que procure un café ; son parfum. « Puissant », « riche », « délicat », « neutre », « boisé », « sauvage » et « aigre » sont des termes utilisés pour décrire l'arôme d'un café.

Caramélisé : Saveur de sucre grillé résultant de la condensation des essences volatiles du café durant la torréfaction. La caramélisation rehausse le corps du café ainsi que sa sensation en bouche.

Corps : Terme servant à décrire la densité et la persistance d'un café en bouche. Le corps d'un café peut être qualifié de « rond », « étoffé », « lourd », « léger », « mince » ou « sirupeux ».

Corsé : Se dit d'un café riche et étoffé, bien rond en bouche.

Délicat : Saveur douce et subtile perçue par le bout de la langue.

Doux : Se dit d'un café de qualité dont l'arôme et la saveur sont nets, mais sans âpreté. Tous les arabicas appartiennent à cette catégorie.

Épicé : Au goût et à l'arôme d'épices.

Équilibré : Un café est dit « équilibré » quand il y a harmonisation de toutes ses caractéristiques de base – acidité, amertume, etc.

Exotique : Terme utilisé pour décrire le caractère à la fois doux et épicé de certains cafés de l'Est de l'Afrique et d'Indonésie.

Flaveur : Terme spécialisé qui désigne l'ensemble des sensations – arômes, saveurs, corps, acidité – que procure un café.

Fort : Qualificatif décrivant l'intensité et la force d'un café. Alors que les arabicas sont généralement qualifiés de « doux », les robustas sont reconnus comme des cafés forts.

Léger : Terme servant à décrire l'arôme, l'acidité ou le corps d'un café. Quand on dit qu'un café est léger, cela peut signifier qu'il a une saveur fine et délicate, ou qu'il manque de corps et d'acidité.

Malté : Se dit d'un café à l'arôme et au goût de céréale grillée.

Moisi : Goût ou odeur de moisissures causé par une torréfaction à température trop élevée, ou par un mauvais séchage ou entreposage des grains de café vert.

Neutre : Se dit d'un café sans netteté du point de vue des arômes et qui ne présente aucun caractère distinctif en bouche.

Rance : Arôme désagréable d'un café qui a mal vieilli ou qui s'est oxydé après torréfaction.

Riche : Terme utilisé pour décrire un café complexe et intense, à l'arôme généreux et au corps étoffé.

Sauvage : Goût ou forte odeur de gibier caractéristique de certains cafés éthiopiens.

Terreux : Se dit d'un café qui goûte la terre ou la poussière. Les cafés non lavés de qualité inférieure présentent généralement une saveur terreuse.

Velouté : Terme décrivant un café équilibré, rond de corps et plein en bouche, mais qui manque d'acidité.

Vineux : Se dit d'un café velouté et étoffé, qui a beaucoup de corps. Les arabicas cultivés en haute altitude sont bien souvent qualifiés de « vineux ».

Quelques faits intéressants sur le café

- Avec l'eau et le thé, le café est l'une des trois boissons les plus populaires au monde.

- Après le pétrole, le café est le produit de base le plus vendu sur le marché mondial. Le total des transactions de café vert sur le marché boursier est évalué à 14 milliards de dollars par année.

- L'industrie du café emploie plus de 20 millions de personnes dans le monde entier.

- L'Association des pays producteurs de café rapporte qu'en 2000, la production mondiale de café totalisait 102,5 millions de sacs de 60 kg (132 lb) chacun.

- Le Brésil et la Colombie sont les deux plus importants pays producteurs de café. Le Brésil est responsable de 30 % de la production mondiale.

- Les premiers écrits témoignant de la consommation de café par l'homme remontent à 575 ap. J.-C.

- Le caféier est une plante autogame qui a été transplantée avec succès dans le monde entier. Certains caféiers de plantation ayant plus de 100 ans d'âge continuent de produire des fruits.

- Les caféiers de plantation donnent leur plein rendement lorsqu'ils ont entre 10 et 15 ans d'âge. Leur durée moyenne de vie est de 25 à 40 ans.

- Le caféier arabica reste vert toute l'année. À pleine maturité, il mesure entre 4,3 et 6 m (14 à 20 pi) de haut. Dans les plantations, on le taille à une hauteur de 2,5 à 3 m (8 à 10 pi) afin de faciliter la récolte.

- Les cerises d'un même caféier n'arrivent pas toutes à maturité en même temps, ce qui explique pourquoi la récolte devrait idéalement se faire à la main et en plusieurs passages.

- Tous les caféiers qui poussent actuellement dans le monde sont les descendants de plants issus du Yémen et d'Éthiopie.

- Chaque cerise donne deux grains de café.

- Il faut 2,3 kg (5 lb) de cerises, soit environ 2000 fruits, pour produire 480 g (1 lb) de café vert.

- Tous les cafés de spécialité, incluant les mélanges à espresso, sont faits exclusivement de grains arabicas.

- Il faut environ 42 grains de café pour faire une portion de café espresso.

- Il faut cultiver 0,427 m^2 (1,4 pi^2) de terre pour produire une tasse de café.

- Le caféier moyen ne donne ses premiers fruits qu'après 4 ou 5 ans et produit entre 500 g et 1 kg (1 à 2 lb) de café torréfié par année.

- Il faut entre 4 000 et 5 000 grains de café pour produire 1 kg (2 lb) de café torréfié.

- On peut faire environ 40 tasses de café avec 500 g (1 lb) de café torréfié.

- La teneur en caféine des grains de café varie d'une espèce de caféier à l'autre : les robustas contiennent entre 2 et 4,5 % de caféine, tandis que les arabicas renferment entre 1 et 1,7 % de caféine.

- Les grains de café torréfié peuvent conserver leur saveur et leur plein arôme pendant une semaine s'ils sont entreposés correctement.

- Le café moulu perd sa fraîcheur au bout de quelques heures seulement. Les pires ennemis du café moulu sont la lumière, la chaleur et l'oxygène.

- En Italie, l'espresso est considéré comme une denrée essentielle et son prix est contrôlé par le gouvernement.

- 90 % de l'espresso bu en Italie est consommé nature, avec ou sans sucre. Les 10 % restants sont consommés sous forme de cappuccino.

- Les habitudes de consommation dans différents pays :

- Les Italiens dégustent leur espresso nature avec du sucre ;

- les Allemands et les Suisses favorisent une mixture de café et de chocolat chaud ;

- les Mexicains additionnent leur café de cannelle ;

- les Belges y ajoutent du chocolat ;

- les Éthiopiens l'agrémentent d'une pincée de sel ;

- les Marocains l'épicent de quelques grains de poivre ;

- les habitants du Moyen-Orient parfument leur café à la cardamome ;

- la crème fouettée est la garniture préférée des Autrichiens.

- Vers la fin du XIIIe siècle, le gouvernement allemand a constitué une unité spéciale, les «kaffee schnufflers», qui avait pour mandat de dépister et d'arrêter les contrebandiers de café et torréfacteurs clandestins.

- En Turquie et en Grèce, il est d'usage de servir le premier café au doyen de la famille.

- Au Moyen-Orient, les femmes ne sont pas admises dans les cafés. Ce n'est que dans certaines grandes villes, par souci d'accommoder les touristes, que l'on enfreint cette règle vieille de 500 ans.

- Dans la langue arabe, la crema se nomme «wesh», ce qui veut dire «la face du café». Servir un café sans cette couche de mousse crémeuse équivaut à «perdre la face».

Comment dire « café » en...

Amharique	Bunn	Inuit	Kaufee
Anglais	Coffee	Iranien	Gehve
Arabe	Qahwa	Italien	Caffe
Basque	Kaffia	Japonais	Koohii
Breton	Kafe	Khmer	Gafe
Romani	Kava	Laotien	Kafe
Cantonais	Kia-fey	Latin	Cofea
Tchèque	Kava	Malais	Kawa, Koppi
Danois	Kaffe	Mandarin	Kafei
Néerlandais	Koffie	Norvégien	Kaffe
Égyptien	Masbout	Polonais	Kawa
Espéranto	Kafo	Portugais	Cafe
Finnois	Kahvi	Russe	Kafe
Français	Café	Roumain	Cafea
Allemand	Kaffee	Serbo-croate	Kafe
Grec	Kafes	Espagnol	Cafe
Hawaïen	Kope	Swahili	Kahawa
Hébreu	Kaffee	Tagalog	Kape
Hindi	Coffee	Thaïlandais	Kafe
Hongrois	Kave	Turc	Kahve
Indonésien	Kope	Yiddish	Kave

234

- L'Organisation mondiale de la santé définit le café comme un «produit alimentaire non nutritif». Même s'il contient des éléments nutritifs telle la niacine, le café n'est pas considéré comme un aliment.

- Café et caféine figurent sur la liste des substances prohibées par le Comité international olympique. Un athlète dont l'urine contient plus de 12 microgrammes de caféine par millilitre, soit l'équivalent de 5 tasses de café, peut se voir disqualifié des Jeux olympiques.

- Durant la guerre de Sécession américaine, les soldats avaient le choix de recevoir une ration de 3,5 kg (8 lb) de café torréfié moulu, ou 4,5 kg (10 lb) de café vert en grains.

- La pause-café fut instaurée durant la guerre pour augmenter la productivité des employés de bureau.

- Des études américaines datant d'après la Seconde guerre mondiale affirmaient que, chaque année, 10 000 couples nouvellement mariés s'étaient constitués à l'occasion d'une pause-café.

- Le terme « cappuccino » est apparu pour la première fois dans la langue écrite en 1948, dans un ouvrage anglais ayant pour sujet la ville de San Francisco.

- Une tasse d'espresso renferme plus de 600 composantes chimiques – sucres, caféine, protéines, huiles émulsifiées, colloïdes, gaz, particules de café en suspension, etc.

- L'amateur de café exige désormais variété et qualité. Il désire goûter à plusieurs variétés de café et choisit en fonction de la qualité du produit, et non de son prix.

- En 1999, le rapport annuel de l'Association du café de spécialité d'Amérique révélait que 47 % des Américains buvait des cafés spécialisés – espresso, cappuccino, latte, cafés glacés, etc. – contre 35 % l'année précédente, soit une augmentation de 28 millions de consommateurs en un an !

Index des recettes

Index général

237

Table des matières

Achevé d'imprimer au Canada
sur les presses des Imprimeries Transcontinental Inc.